亮丽内蒙古
重点图书出版工程
PRETTY INNER MONGOLIA
IMPORTANT BOOK PUBLISHING PROJECT

内蒙古长城故事

内蒙古自治区长城保护工作中心 ◉ 编

内蒙古文化出版社

图书在版编目(CIP)数据

内蒙古长城故事 / 内蒙古自治区长城保护工作中心
编.——呼伦贝尔：内蒙古文化出版社,2021.6
ISBN 978-7-5521-1981-7

Ⅰ.①内… Ⅱ.①内… Ⅲ.①长城-文物保护-内蒙
古-文集 Ⅳ.①K928.77-53

中国版本图书馆 CIP 数据核字(2021)第 125342 号

内蒙古长城故事

内蒙古自治区长城保护工作中心　编

责任编辑　黑　虎
装帧设计　白　欣

出版发行　内蒙古文化出版社
地　　址　呼伦贝尔市海拉尔区河东新春街 4 付 3 号
直销热线　0470-8241422　　**邮编**　021008

排版制作　内蒙古达尔恒教育出版发展有限责任公司
印刷装订　内蒙古金艺佳印刷包装有限公司
开　　本　710mm×1010mm　1/16
字　　数　138 千
印　　张　12
版　　次　2021 年 6 月第 1 版
印　　次　2021 年 6 月第 1 次印刷
印　　数　1—3800
书　　号　ISBN 978-7-5521-1981-7
定　　价　60.00 元

前　言

为进一步贯彻落实好习近平总书记关于"长城是中华民族的精神象征,具有独特的历史文化价值,需本着对历史负责,对人民负责的态度,切实完善政策措施,加大工作力度,依法严格保护,更好地发挥长城在传承和弘扬中华优秀传统文化中的独特作用"的批示精神,在自治区文化和旅游厅、文物局的大力支持下,自治区长城保护工作中心启动了《内蒙古长城故事》一书的编写工作。

征稿启事发出后得到了社会各界的积极反馈,专家学者、长城爱好者纷纷投稿,稿件包括人物传说、乡土故事,也有长城保护宣传工作中的先进典型、凡人新事、回忆考察。在此基础上,为了进一步挖掘长城一线工作者的感人事例,长城保护工作中心派出专人赴通辽市、巴彦淖尔市、阿拉善盟等地实地采访,经整理后成稿。在多次核校和专家论证后,本书最终收录稿件30篇,按照稿件内容分为历史和人物两个章节,其中历史章节收录稿件13篇,人物章节收录稿件17篇。

长城是中华民族的精神象征,也是文化艺术的生长沃土。无数文学家、艺术家用诗词歌赋、书法绘画讴歌长城,为我们留下了大量宝贵的精神文化遗产。"夜闻陇水兮声呜咽,朝见长城兮路杳漫""秦时明日汉时关，万里长征人未还""天高云淡，望断南飞雁，不到长城非好汉"，很多气吞山河的诗篇由长城引发而出，又传之千秋万代。希望本书能让读者在探寻长城历史、品味长城故事的同时得到启迪，将保护长城的观念深深根植于心中。

编者按

2021 年 5 月

目　录

长城·历史

内蒙古长城概述

王大方

内蒙古总面积为 118.3 万平方公里,东西跨度长达 4000 余公里,南北跨度近 1000 公里,阴山、贺兰山、燕山、兴安岭在其境内。其南北方分布有草原和林区,古代主要是游牧民族,如东胡、匈奴、蒙古等活跃之处,他们与汉族所处的中原地区时战时和,但更多的是大一统的和平时期。因此,早在司马迁、班固著《史记》与《汉书》时,就记述有胡、汉两大民族往来于长城下的情况。

内蒙古自治区的长城有战国、秦汉、北魏、金、明等多个朝代的遗迹,据内蒙古考古学家几十年的调查显示,全区长城的总长度 7570 公里,约占全国长城总长度的一半以上。因此,我们所说的"长城岂止万里长"是符合历史事实的,因为仅仅内蒙古地区的长城就长达一万多里。内蒙古的长城既有诸侯国之间的防御工事,也有中原与草原民族对峙中所建,还有许多长城是因一个游牧民族为了防御另一个游牧民族而兴修的。如:北魏(拓跋鲜卑)长城之防御柔然,金(女真)界壕之防御蒙古等。因此,长城本身也是我国多民族所创造的伟大工程。下面,结合长城的有关情况,讲一讲内蒙古地区历代长城的故事。

修筑长城的历史,远在公元前 7 世纪的春秋战国时代已经开始。当时诸侯国为了防御相互间的攻伐,各自在领土上修筑起高大的城墙。这种城墙长达数百里或上千里,呈长条形而非周围封闭,人们称之为长城或长垣。春秋战国时期诸侯兼并，相互争霸中又各自设防，先后修筑长城达到互相防卫的目的。这些长城的位置根据各诸侯国设防的需要，或南或北，或西或东，布满了中国黄河、长江流域的广大地区。从这众多长城的分布上也可看出春秋战国时期诸侯割据、相互争战的历史情况。春秋战国时期的长城虽然自秦统一中国后除一部分作为万里长城的基础之外，大多已被下令拆毁，保存的遗址不多。但是它们对于研究早期长城的历史及当时的社会、政治、军事等情况具有重要意义。

历史学家认为，长城是由烽火台和列城等单体建筑发展而成的。最初利用彼此相望的烽火台传递军情，并用间隔不断的城堡进行防御，随后用城墙将它们连在一起，形成长城这一完备的军事防御体系。

最早修筑长城的是位于南方的楚国，楚方城建于汉水、湍水之间，绕伏牛山北，延展250余公里，因呈"∩"形而得名，这是长城最早的锥形。公元前五六世纪，燕、赵、秦、魏、韩各国相继修筑长城，还有一些较小的诸侯国如中山国等也修筑长城以达到防御目的。

座落于包头市石拐区赵北长城旁的赵武灵王雕像　　李峰　拍摄

　　内蒙古区域修筑最早的长城为战国赵武灵王元年至二十八年（公元前326年－公元前298年）间修筑的赵北长城。赵武灵王"胡服骑射"后，沿今内蒙古中部、西部的阴山山脉兴建长城，东起河北省北部，西至乌兰察布市、呼和浩特市、包头市。从包头石拐至乌拉特前旗大坝沟口终止，全长约500公里。墙体因地制宜，用土夯筑或石块砌，基宽约6米，残高约1～2米，沿线分布有障城遗址。

　　战国燕昭王十年（公元前300年）在今内蒙古中部、东部兴筑了燕北长城，现存有两条，南北相距30～50公里，称作燕北内长城和燕北外长城。内长城的西端，在赤峰市喀喇沁旗姜家湾村始见明显遗迹，东行至敖汉旗王家营子乡中断，遥与辽宁北票市境内的长城遗址相接，全长约150公里，沿线分布障址不多，未见烽燧址。外长城西端起点在滦河东岸，南行经河北丰宁满族自治县、围场县境，再东行至赤峰市松山区曹家营子村才见明显遗迹，东行经敖汉旗、奈曼旗，至库伦旗西南部伸入辽宁阜新市境内，全长约300公里。墙体大多用土夯筑，基宽3～4米，残高2米，少数用石块垒砌或土石混筑。沿线分布障址较多，且有少许烽燧址。

　　燕长城在建筑技术上采取因地制宜的方式，按地理形势分为石筑与土筑两种。在山岳地带采用天然大石块垒砌在地势平坦、土层较厚而缺少石头的地区，以夯土建筑。其石筑长城至今犹存，而土筑长城却难以觅寻。不过在筑长城的地段上还隐约留有一条黑的土带。夏秋之季在长城遗址的地段，草色显得郁郁葱葱，长势异常茂盛，当地人称之为"土龙"。夏秋雨季，土龙地带草丛里多生长口蘑、白蘑，是驰名的地方特产之一。

　　公元前221年，秦始皇兼并六国，建立起中国第一个统一的多民族中央集权国家。为了防御北匈奴的侵犯,秦始皇派遣大将蒙恬统帅三十万军队征伐匈奴,收复了黄河河套地区,继而开始大规模地修筑长城工程。秦始皇将秦、赵、燕三国原有的长城连接起来,形成一条长达五千余公里的城墙,其中新筑城墙的长度超过了原有长城总长度的大半。从此,一条西起甘肃临洮、东至辽东的万里长城便巍然雄峙于中国北方的大地上。

此外,秦始皇于始皇三十五年(公元前212年)委派蒙恬率领大军修建了一条从咸阳到九原(今内蒙古包头市)的直道,长约700公里,与长城互相配套,是中国最早的快速路。

据《史记》记载,秦始皇派遣蒙恬将军率领三十万兵修筑长城,这条长城延袤万余里,但因距今两千余年,经风雨侵蚀和自然变迁,在国内已较为罕见。但在内蒙古阴山深处人迹罕至的山谷之中,仍然存有数百公里,而且至今雄风犹存。

近年来,内蒙古考古工作者在包头固阳县和巴彦淖尔市乌拉特前旗小佘太乡北面的阴山中又发现一段总长度为250公里的秦长城,且保存得相当完好。

固阳小佘太秦长城位于阴山深处,东与包头固阳长城相接,西至狼山口,随山势起伏绵延不绝,东西相望不见首尾,气势非常壮观。我国北魏时的大地理学家郦道元曾在内蒙古阴山考察过战国秦汉长城,他在《水经注》一书中描写阴山的长城是:"沿溪亘岭,东西无极。"今以此语形容小佘太秦长城,实为贴切。这段秦长城全部用石块筑成,高3.5米,底宽4.1米,顶宽1.5米,长城附近每隔0.5至1.5公里筑有烽火台,并筑有小城障以屯戍卒。这段长城一直沿用到西汉,汉武帝时曾经对长城进行加固维护。汉代初期仍沿用秦长城设防。汉武帝时为阻止匈奴南侵,进一步加固阴山地带的长城,沿线增筑了一系列障、塞。

汉武帝时在五原郡外兴筑的外长城,现存有两道,称北线和南线。大部分为土筑墙体,基宽3～5米,残高0.5～3米,南北相距5～50公里。北线,东南端起点在武川县后石背图村山顶,向西北横贯阴山背面的草原地带,经达尔罕茂明安联合旗。

汉武帝时,还在居延海附近兴筑了张掖郡北面的外长城,通称居延塞或居延边塞。主线自额济纳旗东北部向西行,再折向西南行至居延海西南方时,与自居延海东南向西南方伸延的支线汇合,再沿弱

座落于包头市固阳县秦长城旁的蒙恬将军雕像　　李峰　拍摄

水(额济纳河)向西南伸延进入甘肃金塔县境内,全长约250公里。

上述汉代长城遗址,在内蒙古地区东西绵延总长约2800公里,其中汉代兴筑有墙体和列燧的总长度约1600公里。墙体基本上用土夯筑,基宽3～5米,残高0.3～3米。

自汉武帝后半个多世纪,这里的长城一直为汉朝军队驻守。至公元前33年,匈奴单于呼韩邪与王昭君和亲后,边庭烽火平息,"边城晏闭、牛马布野",胡、汉两大民族在长城内外和平相处,形成了长期的友好局面。

北魏长城是继赵长城、汉长城之后，修筑在茫茫大草原上的一道"篱笆"。当时，北魏王朝为了防御柔然部落南下，曾于泰常八年（公元 423 年），沿阴山北麓修筑了一条"东起自赤城，西至五原，延袤二千余里"东西走向的长城。在长城沿边的要冲地带，即今包头、呼和浩特、乌兰察布、张家口等地，设置沃野、怀朔、武川、抚冥、柔玄、怀荒 6 个军事重镇。北魏长城由今河北省沽源县，入锡林郭勒南部太仆寺旗境内的骆驼山，依山据险，蜿蜒向西北伸展，又贯穿苏尼特右旗全境，向西进入四子王旗、达茂联合旗、武川县、固阳县边墙壕，再进人乌拉特前旗至阿登高勒山口终止。

12 世纪初，女真族建立金朝。金朝建立不久，蒙古族在它的故地东北呼伦贝尔草原兴起，成为与其不断发生争战的劲敌。女真为了防御蒙古骑兵南下，就在其北部边境兴筑界壕和边堡，统称金界壕，又称金长城，俗称成吉思汗边墙。从金熙宗起，至大定二十一年（公元 1181 年）在北部沿边的浩瀚旷野上，大规模设置堡戍，屯驻兵马，继而连堡成而筑长城。到章宗承安年间，完成了东北端起自金山（大兴安岭）南麓嫩江西岸（今呼伦贝尔市莫力达瓦旗尼基尔镇北），向西南至东胜州城东北 33 公里处（今呼和浩特市辖托克托县城东黄河东岸台地）的一条屏障。

金界壕包括岭北线、北线、南线三条主干线和北线西支、东支及南线西支三条支线，是内蒙古境内现存最长的长城遗迹，除去重复利用的地段外，总长约 3816 公里。金长城是在城墙外挖掘一条堑壕，筑有马面与城墙连接，起瞭望和传递信息的作用。沿线密置堡戍，左右呼应，使防守更加严密。这种长城远比古代长城完备，因此被明长城广为采用。但大多数是因地制宜，挖掘一条深沟，土堆在沟南，呈堑壕状,因此又被称为"金界壕"。金长城像一条巨大的长龙,或蜿蜒于崇山峻岭之中,或绵亘于苍茫原野之上。

明王朝时为防御蒙古骑兵南下,从明初洪武年间开始修筑长城。内蒙古南部边缘现有明长城遗址两道,主要是大边,分别属大同镇、山西镇、延绥镇及宁夏镇管领。

大同镇管领的外长城(大边),东起自河北省怀安县马市口的镇口台,向西行经兴和、丰镇、凉城、和林格尔县南境,至清水河县丫角山为止。山西镇(今山西省偏关镇)管领的大边,东起清水河县丫角山,西行至黄河东岸的老牛湾墩为止。两段大边多数地段为今内蒙古与山西的分界线,总计长约380公里,基本上用土夯筑。延绥镇(今陕西省榆林市)管领的长城,其东端起点在准格尔旗大占村的黄河西岸,长约10公里,墙体土筑。宁夏镇管领的长城,在今内蒙古与宁夏交界地带共有三段,分别位于鄂托克前旗南部、乌海市巴音陶亥乡、银川市与阿拉善左旗交界的三关,合计长约70公里。墙体都是土筑,沿线筑有墩台。

在明长城大边北面还分布有另一条明长城,通称二道边或次边,南距大边2~50公里,全在今内蒙古境内。东端起自兴和县平顶山,西至清水河县黄河东岸,全长约350公里,墙体均为夯土筑成。据丰镇市隆盛庄东山角发现的石碑铭文中记载,这道长城是洪武二十九年(公元1396年)兴筑的。经测量,其长度约1000公里。

绵延数万里,横贯多省、市和自治区的中国古代长城,作为中华民族悠久传统历史文化中的一个特殊命题,从两千多年前它刚刚出现的那一刻,就与我们这个多民族一统国家的发展历史同步。

战争是民族交汇融合的另一种形式。长城的修筑是战争的结果,虽然本来是破坏性的,但有时也曾反过来促进和平与文化的交流。例如汉长城的巨大工程和长期的汉匈战争,令汉匈两族的物力、人力几乎已消耗至极限,疲惫不堪,需要和平。此时,匈奴族比汉族更主动,呼韩邪单于扣响五原塞长城门,到长安见汉武帝,提出与汉室缔结姻亲,奠定了汉匈两族和平交往的基础,使汉匈世世和平安乐。汉元帝把王昭君嫁给呼韩邪单于,单于便号王昭君为"宁胡阏氏",意为昭君出塞,胡地得以安宁。自此以后,汉的外长城由呼韩邪单于守卫,西汉晚期的六十年,边境安然无事,人民安乐,牛马遍野,汉匈间亦得以有频繁的经济与文化的交流。至今屹立在呼和浩特平原上的昭君墓,也成为历史上民族和平共存的纪念碑。

在悠久的历史长河中,活跃在内蒙古草原的匈奴、鲜卑、突厥、党项、契丹、蒙古、女真等民族先后登上历史舞台,他们与汉民族之间通过在长城内外各种形式的交流与融合,最终形成了中华文化一体多元的格局。时至近代,中国积贫积弱,倍受列强欺凌,长城又成为中华民族抵御外侮的象征。在进入 21 世纪的今天,中国经济蓬勃发展,国势欣欣向荣,长城作为中华民族伟大的历史文化遗产,深受世界各国人民的仰慕与赞叹。

作者简介:王大方(1957—)男,汉族,曾任内蒙古文物副局长,国家文物保护规划专家组成员,内蒙古文物学会副会长。主要参与内蒙古长城保护规划编制编纂《内蒙古自治区文物志》的工作,科普类图书《草原访古》等。出版专著《走进元上都》《草原金石录》(与张文芳合著)。

战国赵北长城的历史启示

高鹰

2018 年夏,我进入土默特左旗文物馆工作。作为一名文物战线的新兵,对一切都感到那么的新奇。虽然此前通过读书对战国赵长城有些隐隐略略的印象,知道乌素图和包头境内尚有遗迹可观,究竟面貌如何,概不得而知。故而初次听老馆长王兰柱先生介绍土左旗的赵长城时,心中竟有些暗暗惊奇。

2018 年 8 月 21 日,是我工作中第一次巡查战国赵北长城,从毕克齐往东到台阁牧再向北到大青山脚下,便来到了中瓦窑段长城。到了跟前,王馆长指着一处断崖说这就是长城时,我心里想的是,这与寻常的断崖有何不同。王馆长指出上面有夯层,走近看,确实有很密的夯层。爬上顶端看,另一侧完全和山坡平齐,没有一点墙的样子,出于考古学职业病,心里又画了一个问号,不过还是拍了些照片,发了个朋友圈。

顺此段长城西行,断断续续有些低矮的小土垄,立着些长城保护标志碑。我心想这赵北长城大概都如此吧,毕竟是土长城,历经二千多年北疆风霜雪雨的打磨,能有些遗迹看就不错了,何必奢望她有明长城那样挺拔的身躯呢。这样想着,已来到了什报气段。车停后,便觉得眼前一亮,一段高大的墙体映入眼帘,墙体中间开了一个豁口,一条土路由此蜿蜒伸展延向远处挺拔的大青山。此处的墙体颇显高大,目测可近三米,由于墙体被早年修路铲出一个豁口,客观上呈现出墙体被解剖的效果。由断面看,墙体剖面呈不规则的梯形,夯层明显、均匀。与前段长城只有一面是断崖式立面不同(猜想是靠山一侧水土流失淤平),这段长城两侧均为立面,更加具备长城的形态。从豁口处的土路延伸远眺,巍峨静穆的阴山好似一堵巨大的屏风,为这纤弱的人工遗迹抵挡住绝大部分的风沙侵蚀。我们在这段长城上逗留了好一会儿,才拍照留念尽兴而归。

土默特左旗境内战国赵北长城(什报气段)

拍摄时间:2020 年 4 月 8 日　　拍摄人:高鹰

古有文人墨客登临遗址怀古作诗文,总要凭靠遗迹畅发思古之悠情,唐人刘沧有诗云:"经过此地无穷事,一望凄然感废兴"。站在赵北长城脚下凝望时,我的思绪也是如此吧……

战国赵北长城亦称赵武灵王长城,为赵武灵王在位(公元前 325 年—公元前 299 年)时修筑,赵武灵王修长城一事只见《史记·匈奴列传》记载:

而赵武灵王亦变俗胡服,习骑射,北破林胡、楼烦。筑长城,自代并阴山下,至高阙为塞。而置云中、雁门、代郡。

赵武灵王是战国时期赵国第六任君主,赵武灵王即位之初,赵国在战乱纷争、诸侯争霸的诸国当中,实力并不强,在与秦、魏的战争中均败绩,甚至在与其北部的游牧民族征战时,都不尽占上风。赵武灵王发现中原步兵和战车在与游牧民族骑兵作战时,有很大的劣势,骑兵机动灵活,因此赵武灵王想像游牧民族那样建立一支骑兵武装。要想成为骑兵,中原宽衣博带式的服装就显得格外不适应了,而游牧民族窄衣窄袖的衣着很适合骑马作战。因此,训练骑兵第一步就需改穿胡服。在当时夷夏之防思想的影响下,这一做法无疑是阻力重重的,赵武灵王力排众议,说服反对最厉害的公子成首先穿上了胡服,引来众人的惊异目光,大臣们见公子成都穿上了胡服,就不再反对,赵武灵王便开始实行了"胡服骑射"。通过训练骑兵,赵国军事实力大增,先后兼并了北部的游牧民族林胡和楼烦,将边境扩展到阴山、黄河一线,并修筑了长城,便是今天的赵北长城。这就是战国赵北长城的前世故事。

土默特左旗境内战国赵北长城(讨合气段)

拍摄时间:2020年4月8日　拍摄人:王兰柱

赵武灵王修筑长城后,在征服林胡、楼烦的土地上,设立了云中、雁门和代三个郡。长城之外,便是强敌匈奴环伺之处。匈奴常常突破长城,进入边郡掳掠。为防止匈奴入境,长城沿线都驻守了军队。其中,战国四大名将之一的李牧便守在赵北长城之内。李牧驻守在雁门郡,属地内租赋都纳入到其幕府,以作粮秣。李牧十分优待士卒,每日宰杀几头牛用来犒劳士兵,教习士兵骑射,恪职守卫烽火台,并命令如遇匈奴来攻,退守营垒固守,不得出战。因此,几年间,虽没有打什么胜仗,也没有损兵折将。可匈奴与赵国上下都认为李牧胆小懦弱,不敢迎战。赵王更是将李牧撤回,另派将领守边。此后一年余,每逢匈奴入犯,主将就带兵迎战,却屡战屡败,导致边地生产凋敝,损失惨重。赵王只好再请李牧出山,李牧推脱有病,闭门不出。赵王不允,强令其拜将领兵。李牧无奈提出要求要一切听从其指挥才肯领兵,赵王应允。

土默特左旗境内战国赵北长城清晰可辨的夯层

拍摄时间:2020 年 4 月 9 日 拍摄人:高鹰

李牧再次来到边境,仍命士兵只守不攻。匈奴好几年又是一无所获,却始终认为李牧胆怯。将士们整日饱食训练,都期待打一场胜仗。于是李牧精选了战车1300辆,战马13000匹,敢于冲锋陷阵的勇士50000人,善射的士兵10000人,组织起来训练作战。同时,命人在边境上到处放牧,使牛羊遍野。匈奴小股入犯,赵军就佯退,故意把几千兵马丢给匈奴。单于得知后,大举来犯。李牧看时机成熟,将精兵布置妥当,左右包抄,大败匈奴,杀死十多万人马。此后十余年里,匈奴都不敢接近长城。

之后,李牧又几次大败秦军,被封为武安君。秦军养精蓄锐三年再犯赵境,仍被李牧击败。公元前299年,秦派大将王翦攻打赵国,赵派李牧、司马尚抵御秦军。秦知武力难胜,便重金贿赂赵王宠臣郭开,造谣说李牧、司马尚要谋反。赵王便另派将领接换李牧、司马尚,李牧不从,被逮捕处死,司马尚被撤换。三个月后,王翦猛攻赵国,杀死了接替李牧的大将赵葱,俘虏了赵王,赵国灭亡。赵王听信谗言,诛杀良将,自毁长城,最终导致了国家灭亡。

两千年后,昔日的赵北长城沿线地带成了蒙古诸部落的驻地。满洲人突破长城灭亡了最后一个修建长城的明王朝后,便不再修建长城。康熙曾说,蒙古就是其大清的长城。由此进而可以联想到长城,抗战时中国军队在这苍老遗迹上伏卧的英姿,那是一种用不屈血肉构建起新的精神长城。可见,再坚固的屏障都不能做到一劳永逸,唯有中华民族的团结统一才是真正的长城。

作者简介:高鹰(1990—),男,汉族,系土默特左旗文物保护中心馆员、历史学硕士,呼和浩特盛乐历史文化研究会会员、土默特历史文化研究会会员,《土默特左旗志1983—2016》编委之一,主要从事文物考古、地方史志、北魏历史等研究。

敖汉旗燕秦长城考古纪事

——20 世纪 70 年代始至 21 世纪初我所经历的调查与发现

邵国田

　　说来也奇,我的出生地——敖汉旗贝子府镇北洼村便在敖汉旗南长城的北侧百步之余,从小看着从东山梁爬向西山梁蜿蜒十余华里路过家门口的两条黑土带长大,问大人这是啥,他们总是神秘地说"这是两条黑龙,一直爬到关东"这样的传说。直到我有缘参加文物工作后,才知道是战国至秦代修建的长城遗迹。到 2016 年在下洼镇发现的六合城战国城址,算是最后一次对长城考古的田野调查结束了,前后经历了近 50 年,即从我 1972 年从事文物考古工作起,至 2013－2016 年受聘于赤峰学院止,期间,见证了敖汉旗战国秦汉长城遗址田野考古工作的全过程。

　　现分几个阶段分述如下:

一、佟柱臣先生对赤峰燕秦长城最早的发现和研究

　　提起赤峰的古长城故事,就不能不提佟柱臣先生。学术界公认他是赤峰长城考古第一人,有评价说"佟先生不但是发现和识得燕北长城的第一人,而且是运用考古学手段研究并正确界定汉代及汉代以前中国东北疆界第一人"。[①] 这里所说的是在 1939—1945 年间日

---

　　① 靳枫毅:《铁肩担道义,一腔赤子心——佟柱臣先生的爱国情怀》,摘自《无限悠悠远古情——佟柱臣纪念文集》,科学出版社,2014 年 12 月第 1 版,北京。

伪占领东北期间,在赤峰任教的青年时代的佟柱臣先生,利用假日休息时间,带着他的学生,连续不断做了6年艰苦的业余考古工作。当时并没有谁在组织或指令他必须去做,他完全是自觉自愿投入的,一边调查,一边写调查报告。他虽然也发现了诸如牛河梁这样重要的大遗址,但使他最得意的考古发现便是1944年调查英金河北岸的水地等地的燕长城。他从赤峰出发,一直走到敖汉旗小河沿。他对长城遗迹观察十分精细,"英金河北岸山地倾斜面上有石垒状态,至撒水坡又发现一汉前城址,寻诸乡人石垒为何,告曰土龙,至斯遂生燕秦长城与之推测"。此段长城,"过山则筑石壁,于平地则筑土壁,乃因地制宜也"。①

1980年6月24日,中国社会科学院考古研究所研究员佟柱臣先生(左三)在考察齐家窝铺战国遗址时,与笔者(左二)合影。

佟先生所说的撒水坡城堡遗址便是1973年秋沙通铁路沿线考

① 佟柱臣:《赤峰附近新发现之汉前的土城址与古长城》,载《历史与考古》第1号,1946年。

古发掘时,辽宁省博物馆徐秉昆教我们田野测绘中就测绘的这座城址。在可发掘的空间,赤峰文物工作站的李恭笃领着我顺斜坡的长城爬到山顶,看到东西向的山脊上排列着石墙和砌筑的石包。这也是我在老师的带领下第一次调查长城遗址。

佟先生的燕秦长城考古报告一经发表,便震惊当时的学术界,是他的田野调查将燕秦长城向北推移了120余公里,这是一次重大的突破和超越。

佟先生在1946年发表的《赤峰附近新发现之汉前土城址与古长城》一文还记载了他调查结束后,又过老哈河到了小河沿村,调查了附近的一座古城址,采集到陶片和秦半两一枚,并听友人说在新惠以及敖吉的那青沟(即今那珍沟)出土燕刀币若干枚。因为时间限制,先生并未沿长城向东走去,在此折回,显得无奈并留下了遗憾。

佟先生的这一遗憾一直过了36年之后到1980年6月24日才补上。当时的前一天,在靳凤毅的陪同下,调查了水地的燕秦长城,当日住在敖汉旗招待所,第二天我领路先到旗果园林场至三宝山一段长城后,便去齐家窝铺战国城址调查。先生站在城墙顶上,发怀古之悠情,叹曰:"昔日是战马嘶鸣喧嚣,而今却只闻鸡鸣犬吠之声。"

在《佟柱臣学术活动年表》里,记载了佟先生此次赤峰敖汉之行的过程,"6月24日到内蒙古敖汉旗","考察了敖汉旗博物馆",受到了"敖汉旗馆长邵国田同志的热情协助"。[①]

---

① 佟柱臣纪念文集编委会:《佟柱臣学术活动年表》,摘自《无限悠悠远古情——佟柱臣纪念文集》,科学出版社,2014年12月第1版,北京。

齐家窝铺城址局部(西南角)

佟先生走后,旗政府主管文化的副旗长隋汉章才知道佟先生来了敖汉,埋怨我为何没告诉他,说佟先生是他的老师。其后,隋汉章便和他多年失去联系的老师联系上,每路过北京,都去探望他的老师,佟先生也就敖汉文物工作做了好多的指示,隋旗长对佟先生的指示遵照执行。

二、沙通铁路考古调查中发现的战国遗存和燕国"狗泽都"

1973年秋,沙通铁路沿线考古发掘开始。其中水地至安庆沟一段的铁路线是与战国长城平行走向,在敖汉旗的白斯朗营子与铁路分开。我们组成了考古队在水地乡的撒水坡遗址上发掘出战国的遗迹和大铁锅等遗物,撒水坡西边台地的城址仅测绘出平剖面图。1974年6月开始在敖汉旗境内发掘,白斯朗营子塔山南侧是一处战国土坑竖穴墓群,已发掘出20余所墓葬,出土一批陶瓮棺,有的长达近两米。塔山东侧便是一处战国城址,保存完好,城墙很高,农民们在城内捡到了秦半两。在已发表的敖汉旗境内沙通铁路发掘报告中,所有战国发现和发掘均未见报道,只在介绍三道湾子遗址时说了

"战国时期的遗物"①一句,具体情况未作介绍。

当小河沿公社变成四道湾子镇时,镇政府迁到四道湾子的老哈河右岸第一台,许多农户也随之迁来,新建村镇的施工中便出土了一批战国遗物,一片瓮棺葬墓地也被破坏一尽。镇东侧一户农户在建房挖地基时出土了一批燕刀币和一化钱,卖到废品站共8.5公斤,我赶去时仅残存几枚刀币和一化小钱。

1979年的一座土坑竖穴墓中出土铜器共四件,即印章、环、带钩、簇各一件。1981年调查该遗址时,在采集的陶片中,其中一片口沿里侧印有三个字,中国社会科学院考古研究所的孙贯文先生释为"狗泽都",由此,可以确认这里在战国是燕的一个很重要的"都址"。"据此之东北约80里处也发现一处战国遗址和墓地。沿老哈河右岸,也发现一些战国遗址,如康家营子庙下村战国遗址,南距燕长城约60余公里。(狗泽都燕国城址南距长城约30公里——笔者注)这些情况表明,在一段时间内,燕的势力越过长城线,或许也把老哈河作为天然防线。"②

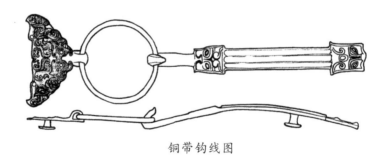

铜带钩线图

---

① 辽宁省博物馆、昭乌达盟文物工作站、敖汉旗文化馆:《敖汉旗小河沿三种原始文化的发现》,《文物》,1997年第12期。

② 邵国田:《内蒙古敖汉旗四道湾子燕国"狗泽都"遗址调查》,《考古》,1989年第4期。

印有"狗泽都"三字的陶片拓本

三、老虎山战国秦汉遗址和秦权的发现。

关于老虎山遗址是怎样被发现的,我在 2005 年编写了《敖汉旗文物考古纪事》内部小册子,其中有一篇介绍调查的经过,现抄录如下:

1974 年冬天,随着"冰冻三尺不停镐,雪下三尺不下山"的口号响遍全旗,农业学大寨的大会战搞得热火朝天。四家子镇老虎山在平整土地时挖出一个大铁坨子来,闻讯我便急忙赶去。大会战已接近尾声,出土的铁器、刀币、半两钱和成捆的铁簇等多数已当废铁废铜卖到了老虎山代销点,还有一些放在大队部里。[①]

我在老虎山调查,已是腊月,不仅调查了台地的遗址,还登上老虎山、羊山、青龙山调查山城遗址。东瞧瞧、西望望,还边走边照相,看山的民兵竟然将我当作苏联特务,持枪押送到大队部。

我便将出土的遗物集中到旗里,编写简报,题为《敖汉旗老虎山遗址出土秦代铁权和战国铁器》,发表在《考古》1976 年第 5 期上。

---

① 邵国田:《敖汉文物考古纪事》(内部材料)之三,《馆藏文物背后的故事》中的《秦代铁权和批林批孔》。

"遗址东西长 1000 米,南北长 500 米。遗址之西南侧曾多次发现战国瓮棺葬,可能为这处遗址的墓地。北距燕长城 13 公里。"[1]

这是我首次在国家级考古类专刊发表文物考古类文章,尽管仅是一篇千余字的简报,但对我的考古人生来说是一个起步。在简报结尾有如下结论:"经赤峰、奈曼(见《光明日报》1975 年 2 月 6 日)两地发现秦陶量之后,这次在这里又发现秦铁权,有力地证明秦统一以后,统一度量衡的措施,在此地无疑与全国各地一样的实行了。在这处遗址台地东侧有一段城墙遗迹,地表尚可看出来南北方向,约 250 米,有南端向西拐去的痕迹,南端临大凌河支流河畔。这是一处古城址。这条支流南北穿过努鲁儿虎山,南流百余里汇入大凌河,两岸的山势险要,形如天然通道。"[2]出土的铁权、铁簇、铜币可以证明,这里当时存在着行政机构。

老虎山遗址出土的铁权　　　　铁权上镶嵌的铜诏本版拓本

① 邵国田:《敖汉旗老虎山遗址出土的秦代权和战国铁器》,《考古》,1976 年第 5 期。

② 邵国田:《敖汉旗老虎山遗址出土的秦代权和战国铁器》,《考古》,1976 年第 5 期。

燕秦长城之南北均发现了一些重要的城址,说明燕秦间均在长城内外设有管理机构,而且均分布于军事南北通道的要塞之地。长城不只是一条线,与其相关的、分布着不同级别的防御设施——城、堡、都、镇均在南北几十公里的范围之内,形成一定地域空间的平面化甚至是立体化的防护工程。

小各各召出土的秦半两铜币

四、对两道长城的专项调查和复查

在我任文物兼职干部后,我参与敖汉旗长城调查共有两次,第一次是1974年秋,陪同赤峰文物工作站的项春松调查;第二次是1975年夏,配合辽宁省博物馆的李庆发、方殿春、张克举等5人,调查的都是敖汉旗南道长城,北道长城仅看了三宝山至新惠一段和白塔子东一段,这两段比较清楚,其他部分尚未走过。

南道长城从建平县的于家沟进入敖汉旗于家营子,向东依次穿过新惠镇的赵官沟北山、扎菜营子东山、新地乡英凤沟后山、丰收乡豁牙子山、南塔乡房申南山、克力代乡东大山、贝子府镇后山、设力虎屯东山、王家营子乡十二连山、石碰子山、宝国吐乡石头井子后山,再向东入北票境内,全长近100公里。全线多筑于努鲁儿虎山脉的北麓高峰上,故以山石之便多为石砌。它蜿蜒曲折,奔跨于群山之巅;它气势恢宏,腾跃于峻岭之脊,虽时逾二千余年,仍显现当年的雄姿。走过长城,方能深悟当年长城设计者的高超智慧以及建造者所付出的艰辛。

北道长城至今尚无全线走过,局部的走向尚不明确,但全部为土筑。在沙通铁路考古发掘时,我利用休息时间从白斯朗营子向东南的低丘陵处沿长城线走过一段。文物普查中各组分段调查后整体连接,自西向东为四道湾子镇白斯朗营子南梁、四德堂乡黑土营子、萨力巴乡齐家窝铺、新惠镇喇嘛蒿、丰收乡曹家窝铺、白塔子乡东城子、敖吉乡大敖吉、下洼镇八旗,从敖音勿苏乡荷也出镜,其长度与南长城相当,两者相距约 20 公里左右。在普查我走过的北道长城,1982年有白塔子东城子,1983 年有烧锅地、大敖吉、刁营子、八旗、卜金狗、接良贯等,大约有 70 余华里。

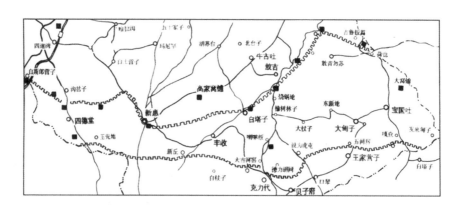

敖汉旗境内燕秦长城遗址分布示意图

第二次文物普查后,我又陪上级文物部门调查八旗至西接良贯一段古城,在长城线采集铁制生产工具。

最后一次调查是在 2016 年 4 月,我率领着赤峰学院研究生班的几名学生和老师,到下洼镇八旗搞红山文化遗址的调查,又到八旗燕国城址复查。时过 34 年,城址保存尚好。调查中更大的收获则是我们在老哈河左岸六合城红山文化遗址时却意外现一处战国城址。在发表的这次调查简讯中载:"4 月 12 日调查中发现了战国时期城址。该城址南临教来河,与燕秦长城的直线距离约 5500 米。城址东西宽约 150 米,南北长约 330 米,城墙最高达 3 米。邵国田研究员认为该城址为首次发现,当属燕国时期的边防城。"[①]

这座城址的发现纯属意外。这里是一处面积很大的红山文化遗址,我们在地表上采集了一些很精美的彩陶标本后,需要拍一张遗址照片。整个遗址多被掩蔽于杨树林中,要想照全景,便需登高拍摄。我便登上一个类似沙包的高台处,照完相我向东望去是一道土垣,便顺着走去,走到尽头土垣向南折去,也是一道笔直的土垣,再走到最南端,又向西折去,西墙较矮,但也十分清楚。这足以证明这是一座土筑的古城址。

最初看城垣情况,以为是辽金时期的城址。要断代,便要采集到标本,或在断崖观察文化堆积层。但整个城内满是树林和蒿草,覆盖的沙层也较厚,根本见不到遗物。当我走到一片现代坟地时,看到在建坟时挖出一些陶片,依据陶片的特点才确定该城为战国时代所存。这座城址同燕狗泽都城址一样,均属于燕长城线之北所设立的重要军事防御设施。同类还见于高家窝铺村西的一座战国城址。六和城古城址在三次的文物普查中均已漏掉。同去调查的研究生在驻地打开电脑查谷歌地图,六和城的这座古城可被十分清晰地看到城墙的轮廓。

除了离开长城线之南 5.5 公里到 30 公里的三座较大的城址,即四德堂乡北榆树林子和敖汉与奈曼交界处的土城子均修筑一处较大规模战国城址,应属指挥机构的所在地,在长城线内外已发现的有 10 座城址,分布的间距很均匀,大约 10 公里。敖汉境内的主要河流从西向东分别为蚌河、验马河、孟克河、丰收河、教来河及其支流都是从南

[①]　马海玉:《敖汉旗下洼镇考古调查重大发现》,《红山文化研究》第三辑,红山文化学会、红山文化研究院编。辽宁人民出版社,2016 年 8 月第 1 版。

向北流去,形成南北向的天然通道,当是溢口或要塞,需布重兵把守,故修建牢固的城池。现存的这些城堡遗址多保存完好,但也有破坏惨重的,如20世纪70年代初修筑山湾子水库时,大坝的中部就是一座战国时代的方城,修坝时被挖掉,这座城址永远消失了。这些经验教训告诉我们认识资料的重要性,我们便组织业务人员将部分城堡遗址测绘成图,其中有4座发表于《敖汉文物精华》一书中,同时还刊出敖汉旗两条长城的走向图,并写了一篇简介,同时体会到燕秦长城"工程浩大,蔚为壮观"。①

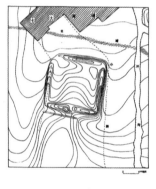

齐家窝铺城北　　　　　刁家营子城

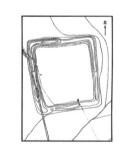

陈家窝铺城　　　　大敖吉城址
敖汉北道长城线的城堡平面图

---

① 邵国田:《敖汉旗境内的燕秦长城遗址》,《内蒙古文物考古》,2002年第1期。

　　全国第二次文物考查结束后,内蒙古自治区文化厅便抽调我去编写《中国文物地图集·内蒙古自治区分册》,任第一副主编,这是展示文物普查成果的重要形式之一。李逸友先生为特邀编委,承担的专题图,除辽金元部分外,还有战国、秦、汉、北魏长城。李先生在职时就写过有关内蒙古长城的文章,是研究内蒙古的长城专家。他对于这次分担的长城专题图的写作任务格外用心,虽已近古稀之年,还亲力亲为地去田野调查和勘验。就在他去世的头一年,即 2001 年的秋天,还亲自对赤峰、通辽两地燕秦长城进行实地调查。

　　李先生的敖汉旗调查是由我陪同的。行程的路线从北道长城走起,先是齐家窝铺到新惠一段,再从白塔子、大敖吉、刁家营子、东八旗、卜金沟逐一调查每处城堡遗址,再从接良贯到荷也出镜。奈曼的一段走到草原尽头再无踪迹可寻,我们当晚住在青龙山镇。从青龙山折回后便又进入敖汉境内的南道长城。因需爬山越岭,汽车只能拉到山脚下,踏上每一道梁先生总是走在最前头,我比他小十几岁,却在后面追赶。他去世后,内蒙古文化厅文物处所发表的悼念文章中,还记载了这样的内容:"他撰写了《中国北方长城考略》《内蒙古历史名城》等大量专著,《中国文物地图集·内蒙古自治区分册》中的长城部分几乎全部由他来考证和编写。"[①]

五、有关长城的考古发现

　　在我从事敖汉文物考古工作的这 30 余年间,燕秦长城敖汉段有一些考古发现和出土文物。除了前举的狗泽都和老虎山两处遗址调查和出土文物在《考古》上发表外,还抢救清理三处战国墓地,现分述

---

　　① 　内蒙古文化厅文物处、内蒙古文物考古研究所:《深切怀念李逸友先生》,《内蒙古文物考古》,2002 年第 1 期。

如下：

1. 铁匠沟墓地

1991 年 5 月初发现，发现者为铁匠沟的农民刘国祥。时任旗报社副主编的韩殿琼将这一消息告诉给我，我便去刘国祥家征集这处墓地所出土的青铜饰品，并对残墓进行抢救清理。依据长城的两条黑土带间营建了三座墓，且出土了猪、虎、鸟等动物纹饰的北方民族独特的青铜牌饰，证明墓葬埋于燕长城修建之前。有专家考证，这道长城始修于"燕召王十三年（公元 299 年）以后的三五年之内"①，这就为我们提供了铁匠沟墓地时间的下限，应在燕召王即修筑长城之先。②

2. 乌兰宝墓地调查与清理

1993 年 11 月初，时任四家子镇党委书记的魏洪宇将该镇乌兰堡村出土的曲刃青铜短剑、铜带钩、玉环等送交旗博物馆。我立即前往调查，并清理了两座残墓③。此墓是在修梯田中被挖出来的。我们去时在坝埂上还摆放着墓中出土的陶器。我又将这处墓地的情况告诉内蒙古考古研究所的郭治中先生，他于第二年春又清理了 8 座后，接着在韩家水泉清理同类文化的遗存 109 座。调查和发掘的结果证明，这是一批战国时代的新材料。发掘者认为："从考古遗存考察，燕长城沿线一带，战国遗址普遍叠压在夏家店上层文化的废墟之上，值此之时，夏家店上层文化业已消失多年，在燕国北边和东北边包括夏家

---

① 李文信：《中国北部长城沿革考》，《社会科学辑刊》，1979 年第 1 期。

② 邵国田：《敖汉旗铁匠沟战国墓地调查简报》，《内蒙古文物考古》，1992 年 1.2 期合刊。

③ 邵国田：《敖汉旗乌兰堡拉格战国墓地调查》，《内蒙古文物考古》，1996 年 1.2 期合刊。

店上层文化的部分领地,早已另立其主,悄然兴起了若干其他部族文化。史籍记载,除比较强大的东胡之外,尚有代、貊、屠何、真番、朝鲜等。根据《山海经》貊地近燕,为燕所灭等有关记载推测,可能与貊人遗存有关。"[1]

3. 新惠中学操场墓地

20 世纪 90 年代初,原新惠中学操场每当平整时总有墓葬被发现。2001 年春天,中学的美术老师刘凤林拿了一袋子陶片到博物馆找我说"现又挖出好多骨架"。这次操场平整动土量很大,东南角一大片被铲平,地表露出十余座墓葬。我们将已暴露的残墓全部做了清理,每座墓的随葬品多是一两件陶器,墓的方向多为南北向,也有个别的是东西向。陶器多为轮制,东西向的墓葬出土夹砂手制罐,已形成规律。这证明戍边战士中也有少数是土著部族。根据地表观察,墓地至少有百余座。

这显然是战国时戍边官兵阵亡的专属墓地。中学教学校舍及南村部分居民住宅便分散在一座城址上。我调到旗里最早在此找住房的杜姓房东的房子便建在城址的北墙垣上,而且是一排几户的居民房,他们也知道这是夯土城,很牢固。那时城内一大片地是菜地。

新惠中学操场的战国墓地清理材料迄今没有发表。至此,北道长城清理两处墓地,即白斯朗营子塔山墓地和新惠中学操场墓地,南道长城清理一处墓地,即铁匠营子墓地。死人的墓地反映的是当年活人的社会,从这些戍边将士的墓地可看出当时战争的频繁与惨烈。埋葬者中也有土著民族,所以可证明长城又是各民族的聚居地,也是

---

① 郭治中:《内蒙古东部区新石器——青铜时代的考古发现与研究》,《内蒙古文物考古文集》第二辑,中国大百科全书出版社,1997 年版。

农生和游牧的交汇地带。

六、长城线上的窖藏

在长城和与长城相关的城堡上发现了很多的窖藏,最多的是藏铜币,有的几十枚,有的是成千上万枚,甚至是数万枚,人们戏称挖到了战国的"银行"。以燕刀币为主,也见一化、桥形币、布币。除了燕狗泽都和老虎山两处遗址调查报告所见刀币、半两钱外,还有两处窖藏已发表于《中国钱币杂志》上。

1976年,北道长城沿线上的各各召村一姓侯的农民在村之西约700米处的一条冲沟里发现一批秦半两钱。我调查了这处窖藏,距地表约2米,成串出土。这些铜钱大部分卖给收购部门,只留下26枚交给旗文物部门收藏。这26枚铜钱为标准的秦方孔圆钱,直径最大的3.3厘米,最小的3.1厘米,每枚重10.2~12.3克。这批铜钱出土地点明确,对考察此道长城的年代提供了最直接的证据。

1984年春在刁家营子战国城堡的东墙外居民区出土一批燕刀币,距东墙约50米处,深约10厘米,成排放置。交给旗文物部门共75枚。

已交给旗文物部门的铜刀币窖藏尚未发表的有一处,即在20世纪80年代初,出土头道湾子村,位于老哈河右岸台地边缘处。据发现者称,刀币成串出土,窖藏距地约10厘米。交给文物部门收藏的为100余枚。

另见一批燕国铜钱窖藏的一部分发表文物图录中,为燕国的桥形币,共22枚,据传发现于敖吉乡,具体出土地点不明,现藏于敖汉旗新州博物馆[①]。

---

① 邵国田、杨晓明:《新州古韵——新州博物馆典藏》,内蒙古人民出版社,2013年11月第1版。

其他地点出土的战国文物已收藏于旗博物馆的有如下两处：

首先是 20 世纪 80 年代初,时任敖汉旗长的柴海铭先生在下乡工作时,亲自在金厂沟梁镇废品收购站拣选一件铜戈,回旗送交旗文物部门收藏。这是敖汉旗博物馆至今唯一一件铜戈(见《敖汉文物精华》第 87 页)。

其次便是敖吉乡车罗城村一位姓宁的农民,在教来河中捞得"大铜锤"2 件,其形状与战国时代的铜鼓相似,铸造出双鼻,依据器形、铜质和铸造技术参考,应为战国时代筑长城土壁的夯锤,足见当时板筑技术高超,所筑城墙坚固。旗公安局收缴后交旗博物馆保存。

还有一处燕刀币出土的信息,发生在 20 世纪 90 年代初,是四家子镇的一位姓李的农民在取土时挖出两麻袋铜刀币,出土后送赤峰市文物店,文物店拣选了 8 枚,以 8 元钱一枚进行了收购,其余流散于民间。

如果从佟柱臣 1944 年进入敖汉旗小河沿算起,调查长城工作先后进行了 77 年,如果从 1972 年我成为敖汉旗一名文物兼职干部算起至今则为 50 年,当然,这与长城存在的时间相比,只能算作一瞬间。70 年间,大体经历了三代考古人的不断努力,以考古学的手段,去不断地探索这两道长城的神密,并有了很多的考古发现,这是爱国爱家情怀的体现,演绎出每一代人保护长城的生动故事。当然,这不仅是考古人的故事,也有行政官员和普通百姓,由他们共同谱写出一曲保护长城和探索长城遗址的赞歌。

作者简介:邵国田(1947—),汉族,原敖汉旗博物馆馆长,副研究馆员。曾任内蒙古自治区文物专家委员会成员,现任内蒙古红山文化学会理事,主要研究新石器时代诸文化和辽代契丹文化。

秦始皇"万里长城"今安在

张文平

众所周知,无论是孟姜女哭长城的民间传说还是许多历史解读,给大家留下的印象都是秦始皇大规模征集劳工,修建了一条西起临洮、东到大海的雄伟"万里长城"。

那么,造成我们有这种印象的发端始于什么时候呢?其实是从司马迁撰写《史记》的时候开始的。

《史记》对秦始皇修长城大书特书,在《秦始皇本纪》《蒙恬列传》《匈奴列传》中均有详细描述。

《史记·秦始皇本纪》记载:公元前214年,"又使蒙恬渡河取高阙、阳山、北假中,筑亭障以逐戎人"。

巴彦淖尔市乌拉特中旗境内的汉武帝阳山长城

《史记·蒙恬列传》记载:"秦已并天下,乃使蒙恬将三十万众北逐戎狄,收河南。筑长城,因地形,用制险塞,起临洮,至辽东,延袤万余里。"

《史记·匈奴列传》记载:"后秦灭六国,而始皇帝使蒙恬将十万之众北击胡,悉收河南地。……因边山险堑溪谷可缮者治之,起临洮至辽东万余里。"

从司马迁的以上记载出发,目前学界一般把分布于阴山山脉北坡的一道石砌为主、土夯为辅的长城,称之为秦长城或蒙恬所筑阳山长城。

那么真的是这样吗?自2007年以来国家文物局开展的全国长城资源调查中,内蒙古自治区的长城调查队员对所谓的秦长城或蒙恬所筑阳山长城进行了详细踏勘,结果发现它的主体是公元前127年汉武帝派大将卫青北伐之后修筑的汉武帝阳山长城,并非秦长城。

为什么史料记载会和实地考古调查产生如此之大的偏差呢?其实秦朝本身修长城的时间很短,从公元前214年开始动工,到公元前209年随着陈胜、吴广起义的爆发,长城的修筑工程也就停止了。在短短几年时间之内,秦始皇长城主要沿用了原来秦、赵、燕三国的旧长城,再就是新筑了一些连接三国长城的线路,并未能够形成完备的军事防御体系。

司马迁撰著《史记》,秉承孔子书《春秋》的"春秋笔法",所谓"削则削,笔则笔",说白了,就是对于尊长、贤臣的过失予以避讳,而对于小人、奸臣则大加贬斥,干的坏事写得越淋漓尽致越好。同时,司马迁又深得"影射史学"精髓,以秦始皇讽谏汉武帝。

相比于秦始皇,汉武帝用兵匈奴、大修长城有过之而无不及,但

《史记》之中却绝不见汉代"筑长城"这样的字样,用的多是"筑朔方""至眩雷为塞""筑居延""起塞"等如此这般的表述。

西汉"起塞以来百有余年",通过常年不间断的经营,才真正在北疆地区第一次修筑成型了东西绵延不断的万里长城,很多地区形成了南北并行的数条长城线路。战国燕、赵、秦三国的诸多长城段落为汉朝加筑沿用,所以谈到北方地区的战国秦汉长城,绝大部分均可以认定为汉长城或者为汉代所沿用。以前,多将汉长城认定为秦长城,实在是受《史记》误导所致。

当然,在长城资源调查中,内蒙古境内也断断续续地确认了一些秦长城段落,有桌子山秦长城、鄂托克前旗秦长城、榆中长城、岱海—黄旗海秦长城、银子河秦长城等数条线路。

让我们来看看秦长城的真容吧。

乌海市海南区境内的桌子山秦长城

桌子山属于贺兰山在北流黄河东岸的北端余脉,由大致呈东西排列的两道南北向山脉组成,东面一道为桌子山,西面一道为甘德尔山。桌子山秦长城对桌子山形成包围之势,苏白音沟则起到沟通山体东、西两侧的作用,从而构成秦朝北地郡的北部边界。桌子山秦长城绝大部分系石墙,墙体普遍窄小低矮,基宽多在 1.1～1.3 米之间,高度多不足 1 米。烽燧为馒头形土包或石包状,原初形制不辨。在 2 座障城中,乌仁都西障城保存较好,为长方形石砌障城。

岱海—黄旗海秦长城是沟通岱海至黄旗海两大湖泊之间的防御体系。岱海至黄旗海之间的秦汉长城墙体并行分布,汉长城墙体南侧紧邻的副墙,应即秦长城墙体。经调查,可见的秦长城墙体长约 13 公里,沿线调查同时期烽燧 5 座、障城 7 座。

岱海—黄旗海秦汉长城并行的墙体

桌子山秦长城、岱海—黄旗海秦长城看起来均并不高大雄伟,与大家惯常认识的"秦始皇万里长城"是不是有些不一样呢?然而,这正是司马迁记载的历史与考古学考证的历史之间的差异。

最后,再特别强调一下:东起今呼和浩特市新城区坡根底村附近,向西沿着阴山山脉北坡延伸,一直抵达河西走廊的这一条土石相间的长城,是汉武帝阳山长城。

作者简介:张文平(1973—   ),男,汉族,系内蒙古自治区文物考古研究院研究员、历史学博士,内蒙古考古学会副会长,主要从事中国北疆史地考古研究。

揭开两千多年前的"国道"之谜

张文平

电视剧《大秦赋》播出之后,对它的评价褒贬不一,有人认为该剧严重偏离了历史价值观,对暴秦有美化之嫌。

那么,秦始皇到底是一个什么样的皇帝呢?

对秦始皇的历史记载,主要来源于西汉史官司马迁撰著的《史记》一书,一定程度上反映了西汉王朝正统观念之中对秦始皇的认识:秦始皇推行残暴统治,汉朝取而代之顺应天命。这是一个新的王朝建立之后,对前朝末代帝王的普遍评价。

两千多年之后的今天,我们应当从整个中国大历史的角度出发,重新认识秦始皇,而新中国成立以来秦始皇陵兵马俑、秦直道等考古学遗存的发现,也为重新认识秦始皇提供了重要的实物证据。

鄂尔多斯高原之上"堑山堙谷"的秦直道

战国时期,七雄纷争,血流漂杵。秦始皇于公元前 221 年一统华夏,结束了中原大地上长期战乱的局面,实现了西周之后中国历史上的第二次大统一,这是有着历史进步意义的。

西周大一统,对地方的管理主要是实行分封制,建立了许多大大小小的封国,封国之君多是西周王室成员,也有少数功臣。秦始皇吸取东周时期封国不服从周王室、从而造成列国纷争局面的教训,在地方全面推行郡县制,分天下为 36 郡,郡下辖县,郡、县的长官郡守、县令均由中央统一任命。

除全面推行郡县制之外,秦始皇统一标准的措施还有很多,如大家熟知的"书同文,车同轨"、统一度量衡等等。秦始皇的目标是建立三个大一统:制度大一统、学术大一统、宗教大一统。设郡县、统一文字、统一法律、统一车轨、统一度量衡,均属于制度大一统的范畴。对于一个统一的国家来讲,用统一的制度进行管理,用统一的文字进行交流,均是非常必要的。这些举措,延续两千余年,对中国统一多民族国家的形成与发展影响极大,至今我们仍在受益。

为了加强对郡县的管理,方便到全国各地巡游、了解地方民情,秦始皇修建了从首都咸阳辐射全国各地的皇帝专用路——驰道。这些驰道构成了秦朝道路网的主干,相当于"国道"。如东向的驰道,出函谷关,一直通往大海,在今山东朐县设置了秦帝国面向东方海洋的国门。经测量,秦帝国东国门的纬度约为北纬 34°32′,而首都咸阳城位于北纬 34°25′,两地东西基本成一条直线。

公元前 221 年秦始皇只是统一了长期与秦国抗衡的东方六国,而在北方地区,还有一个长期与北方诸侯国抗衡的第七国——匈奴。所以,自公元前 215 年开始,秦始皇派遣大将蒙恬北伐,意欲将匈奴亦纳入秦王朝的一宇之内。蒙恬初战告捷,将匈奴驱逐至阴山山脉以北的草原之上,于次年开始修缮以前秦国、赵国、燕国修筑的防御匈奴的旧长城,在今天阴山——燕山东西一线形成一道绵延万余里的军事防御体系,这就是后来所谓的"秦始皇万里长城"。

在修筑"万里长城"的同时,在今天的包头地区设置九原郡,经考证,九原郡郡治九原县为位于今天包头市昆都仑区昆都仑河东岸的麻池古城。自公元前213年开始,秦始皇又开始修筑连接九原与云阳之间的驰道。云阳甘泉宫是咸阳宫殿区的北至,经度为东经108°33′,而麻池古城的经度为东经109°49′,从甘泉宫至九原县,两地大致呈一直线,所以这一条南北向的驰道被专称为"直道"。

通过直道,秦始皇意图模仿"关中通道——函谷关"的防御体系,在首都咸阳的正北方形成"直道—高阙"防御体系,并赋予高阙秦帝国北方国门的象征。秦朝九原郡所在的包头平原北方为高大险峻的乌拉山,从而被视作秦帝国的北阙,赋予"高阙"一名;与九原郡郡治麻池古城正对的乌拉山山间通道昆都仑沟,是秦朝设计的北方国门"高阙关"所在。出高阙关,进入北假中,即今天乌拉山以北的明安川地区。北假中的"假",这里通"暇",为"荒暇"之意,北假中即北荒中。

公元前210年,秦始皇在第五次巡游途中病逝于今天河北省广宗县境内的沙丘宫。随同巡游的秦始皇小儿子胡亥与李斯、赵高等权臣串通一气,设阴谋回咸阳之后由胡亥取代皇太子扶苏即位二世皇帝。于是,他们刻意隐瞒秦始皇去世的消息,继续按照秦始皇生前既定的巡游线路,从直道返回咸阳。途中,胡亥以秦始皇伪诏命令皇太子扶苏、大将蒙恬自杀,扶苏自杀后,蒙恬不从,被囚禁了起来。秦始皇生前并未能够巡九原、临高阙,而在他去世之后,却被伪装成活人从九原运回了咸阳。于是,今天包头市的历史爱好者们编撰了一个"秦始皇尸游九原"的历史故事。

按照司马迁在《史记》之中的描述,秦直道"堑山堙谷,直通之"。1974年7月,内蒙古考古学界的前辈学者田广金先生在伊克昭盟考察期间,于东胜县漫赖公社海子湾大队二顷半生产队南发现了一道穿越黄土高原丘陵沟壑的笔直的古代道路。他凭着一个考古工作者的直觉,把这条古道和秦直道联系了起来。田广金先生当时的主要研究领域是鄂尔多斯青铜器,对秦直道的兴趣并不大,但他知道秦直道的重要性,于是赶紧写信给自己北京大学考古系的老师俞伟超先生,而俞先生主要是研究秦汉考古的。俞伟超先生收到田广金先生的来信后,又非常兴奋地把这一重要信息告诉了陕西师范大学的历史地理学者史念海先生。史念海先生当时正承担兰州军区在鄂尔多斯高原地区的历史地理研究任务,于1975年的春天即循着田广金先生提供的线索调查了秦直道,新发现了很多道路及相关设施遗存,将这条两千多年前修筑的古道的真实面目披露在世人面前。2006年,秦直道遗址被国务院公布为第六批全国重点文物保护单位。

《汉书·贾山传》中提到,驰道"道广五十步,三丈而树,厚筑其外,隐以金椎,树以青松"。古代一步为五尺,50步就是25丈,按照秦汉时期1丈约等于2.31米推算,道路宽达57米,每隔约7米就栽一棵树。1998年,内蒙古自治区文物考古研究所对鄂尔多斯市东胜区城梁段秦直道遗迹的发掘解剖,了解到路基宽约16米,修筑过程首先是底部以黑土填实找平,上部再以黏度较大的红土掺以砂石夯实。由此可见,《汉书·贾山传》的描述明显有夸大之嫌。

当然,由于秦朝国祚短暂,直道的修筑工程最后并未完工。西汉时期,加筑沿用了秦直道,公元前110年汉武帝由长安出发,沿着直道北巡,从高阙关出阴山,进入北假中,又西行至朔方,匈奴单于望风而逃。汉武帝沿用了秦始皇的很多典章制度,也实现了秦始皇未完成的打败匈奴、巡游北疆的梦想。司马迁在《史记》之中一味地以暴政标签化秦始皇,何尝不是在以此警示当朝天子汉武帝啊!秦始皇攻打匈奴、修筑长城、修阿房宫、修始皇陵、修驰道、开发五岭,这些大规模的工程多是秦始皇晚年间的一些行为,反映了其日益膨胀的心里,妄图在短时间之内实现伟大帝国的宏伟蓝图,从而导致了秦王朝的急剧覆灭。而西汉王朝,在汉武帝时期达到了顶峰,也开始走向衰落。

从云阳至九原,秦直道绵延近900公里。在今天内蒙古境内,秦直道遗址由南向北主要分布于鄂尔多斯市伊金霍洛旗、东胜区、达拉特旗,南起伊金霍洛旗掌岗图四队,北至达拉特旗高头窑乡吴四圪堵村,全长达125余公里。

今天达拉特旗昭君镇附近的黄河渡口,就是当时秦直道过黄河的地方。附近二狗湾村所在的黄河南岸高地之上,有汉代五原郡宜梁县故城遗址,宜梁一名,即取自"宜于架设桥梁之地"的含义。宜梁县故城东侧的石头小山,当地人称作昭君坟。公元前33年,匈奴呼韩邪单于由直道赴长安觐见汉元帝,迎娶宫女王昭君。昭君出塞是否途经直道,史无明文记载,但走直道的可能性较大,看来达拉特旗的所谓"昭君坟"还真有可能是王昭君过黄河时停留之处。

今天,秦直道被冠以"世界上最早的高速公路""天下第一道"等高大上的头衔。实际上,公元前5世纪建立的波斯帝国,已经在它的四个都城之间修了四通八达的交通路线,所以不能说秦始皇的驰道、直道是世界上最早的交通路线。驰道、直道也不是高速公路。真正的高速公路是现代才有的，主要特点是全封闭，秦始皇的驰道、直道都不可能做到全程封闭式管理。秦直道在某些地段呈现的是笔直的一条线路，但沿途因地势而筑的迂回曲折之处也比比皆是，所以有的地图之上把秦直道直接画成一条直线也是不可取的。

达拉特旗"昭君坟"石山

否定秦直道为"世界之最"或"天下第一"，并不代表否定秦直道的伟大历史价值。秦直道加强了秦朝首都咸阳与北疆九原郡之间的交通联系，使今天内蒙古河套地区在中国历史上第一次成为统一多民族国家的有机组成部分。公元前1世纪，西方的罗马帝国修筑了从首都罗马城通往全国各地的道路网，"条条大路通罗马"的谚语即源于此。而在此之前东方的秦帝国，于公元前3世纪晚期已经是"条条大路通咸阳"了。

作者简介：张文平（1973—　），男，汉族，系内蒙古自治区文物考古研究院研究员、历史学博士，内蒙古考古学会副会长，主要从事中国北疆史地考古研究。

汉代鸡鹿塞访古

张文芳

全国重点文物保护单位——汉代鸡鹿塞古城遗址，位于内蒙古巴彦淖尔市磴口县境内，是汉代北方阴山地区著名的军事要塞。

1963 年，北京大学地理学家侯仁之教授与考古学家俞伟超先生来内蒙古实地考察后，确认了鸡鹿塞的位置在磴口县的阴山哈隆格乃峡谷南端。2018 年冬季，我冒着风雪来到这里进行考察访问。

越野车在阴山南麓的卵石滩路缓缓前行，位于阴山哈隆格乃峡谷显要位置的鸡鹿塞出现在眼前。但见古塞城高居山腰，山下以巨石挡路，位置十分重要。下车后，我们开始攀登鸡鹿塞石城。

经目测，鸡鹿塞石城为正方形，全部用石块修砌，每边长 68.5 米（外宽），残墙高一般在 7 米左右。城门南向，门内有石砌磴道可直达城上。门外有瓮城建筑，城内有许多汉代砖瓦残片。

石城的东墙最为险要，它紧傍高台阶地边缘修筑，台地高约 18 米，加上 7 米高的石墙，总计高达 25 米，很难攀登。我们从石城一侧缓缓登上石城，可见城墙顶部宽约 4 米，墙基厚约 5 米，城墙四角分别向外突出 2 米多，构成了古城的角楼平台。站在城角楼向北望去，阴山峡谷中一条道路弯曲盘桓向南通向阴山古口。向两边看去，只见鸡鹿塞周围数公里范围内遍布烽燧、挡马墙。向南遥望，可见河套平原村落点点，黄河上冰封百里，远处的昭君古渡依稀可辨。我不禁赞叹道：鸡鹿塞真乃阴山古雄关也！

鸡鹿塞始建于汉武帝时期,距今已有 2100 多年的历史,是西汉时期抵御匈奴骑兵南下中原而沿阴山修筑的长城障塞。汉武帝元狩年间,大将霍去病北征阴山地区时,曾经北出鸡鹿塞到达草原与匈奴王激战。

位于巴彦淖尔市磴口县阴山峡谷南麓的鸡鹿塞古城遗址(王大方摄)

我估计,"鸡鹿"一词可能是某匈奴部落的名称。因为据司马迁《史记·匈奴列传》记载,匈奴建国以前,各部落"时大时小,别散分离","各分散居溪谷,自幼君长,往往而聚者百有余,然莫能相一"。当时分布在阴山南北地区的,有许多匈奴小部落。后来,冒顿单于以征服匈奴各部落为基础,建立起来匈奴部落大联盟,才开始与西汉对峙。虽然,汉匈两大民族有剧烈的碰撞,但"汉匈往来于长城下"是历史曲折前进的主流。

西汉竟宁元年(公元前 33 年),王昭君与呼韩邪单于和亲,出塞时从鸡鹿塞经由哈隆格乃峡谷前往漠北。《汉书·匈奴传下》记载:"汉遣长乐卫尉高昌侯董忠,车骑都尉韩昌,将骑万六千,又发边郡士马以千数,送单于出朔方鸡鹿塞。"可见这支送亲的队伍浩浩荡荡,是非常壮观的。遥想当年:鸡鹿塞上王昭君红妆素裹,大单于锦帽貂裘,万千骑兵沿阴山夹道护卫,可谓盛况空前。

王昭君出塞后,汉匈关系好转,北方出现了"边城晏闭,人民炽盛,牛马布野"的景象。西汉改年号为"竟宁",寓意为边境安宁。后来,由于匈奴内部矛盾,形势变化,王昭君与匈奴单于在鸡鹿塞居住达八年之久。昭君与匈奴单于生育有一子二女,她死后被安葬于草原,她的坟墓名为"青冢",被人们世代祭拜。

在古代诗文中,鸡鹿塞曾经多次出现。例如:东汉班固在《封燕然山铭》中,有"遂凌高阙,下鸡鹿";李善注引《后汉书》说"窦宪与南匈奴万骑出朔方鸡鹿塞。";唐代诗人李商隐的"鸡塞谁生事?狼烟不暂停";南唐李煜的"细雨梦回鸡塞远,小楼吹彻玉笙寒";清代史学家赵翼的"鸡鹿塞俱编属国,麒麟阁已画功臣"。

鸡鹿塞的修建与边疆地区的发展有密切的关系。古城见证了汉匈民族经济文化友好往来的历史过程,对研究西汉时期政治经济文化和民族交融历史有着重要的价值。

站在鸡鹿塞古城,我们共同吟诵出《鸡鹿塞访古诗》,诗云:

车过鸡鹿晓初明,阴山寂静雾迷濛。

朔风捲雪拍故垒,旭日东升照古城。

入城拾得昭君瓦,攀岭遥思呼韩情。

汉武霍卫皆不见,牛马布野牧笛鸣。

在冬日灿烂阳光的照耀下,我们踏着冰雪告别了雄伟的鸡鹿塞古城。

作者简介:张文芳(1956 —)女,汉族,文博研究馆员,系中国人民银行内蒙古钱币学会原常务副秘书长,现任内蒙古文物专家委员会成员,兼任中国钱币学会第六届理事会学术委员、内蒙古师范大学历史文化学院教授。出版专著《走进元上都》《草原金石录》(与王大方合著)。

汉代三道营古城与樊梨花

董帅宇

汉代三道营古城位于乌兰察布市卓资县梨花镇土城子村,属于西汉长城的重要组成部分,是内蒙古自治区重点文物保护单位。古城北约1公里的大黑山南麓现存东西走向的战国赵北长城,大黑河沿古城北边由东向西奔腾而过,古城就坐落在大黑河南岸河谷平原的台地上。2020年11月26日,国家文物局对外发布第一批国家级长城重要点段名单,共计83段/处,"汉代三道营古城"赫然在列。

三道营古城占地面积约82万平方米,地势较为平整,西部略高,累数代建成,城墙部分保存较好,瓮城、马面、角楼、城门遗址清晰可见。依其建筑年代分为西、东两城,西城又分为南、北两城,东城向南前凸,各城紧密相连,整体呈不规则"品"字形。西城始建于战国晚期,秦朝为云中郡辖地,西汉继续沿用;东城应为后期增建,年代下限可能至唐和辽以前,明代进行了扩建。根据近年来学者考证,古城应为西汉定襄郡武要县县治,同时为定襄郡东部都尉治所,是西汉北部军事重镇;明代在此设置官山卫,清代废弃,渐成村落。

20世纪90年代前,考古工作者多次对古城进行调查,由于当时古城所在地在行政区划上属于乌兰察布盟(今乌兰察布市)卓资县三道营乡土城子村,三道营古城因此而得名。2001年12月,经自治区人民政府批准撤销三道营乡,改为梨花镇,镇政府所在地由三道营村迁至土城子村。而梨花镇的得名也因古城关于樊梨花的传说而来。

古城从来都不乏故事,汉代三道营古城也不例外。

樊梨花,历史上一位非常著名的巾帼英雄。虽尚无正史可考,但是在许多地方史志、掌故稗史中都有记载,樊梨花的故事在各地广为流传,东起辽宁,西至新疆,长城沿线很多地方至今流传着大量关于樊梨花的故事、甚至与她相关的遗迹遗物也被广泛传播。因此,樊梨花绝不仅仅是一位文学作品人物,而且应该是一位真实的历史人物。生活在三道营古城所在地土城子村的老百姓每个人都能说上几段有关樊梨花的故事,但是谁也说不清这些故事口口相传了多少代。

三道营子古城城墙(丹达尔摄)

据传说,樊梨花曾领兵驻守古城,在这里屯兵习武,至今在古城内外还留有许多军事遗迹。古城周边分布着南营、北营、中营、后营、头道营、二道营、三道营等自然村,毫无疑问,这些村落的名称与古城的历史和军事性质密不可分,这也构成了古城比较完备的军事防御系统,使其成为长城沿线一座军政合一的边陲重镇。古城与战国赵北长城中间现存一烽火台遗迹,古城东有校场遗迹,古城北面的大黑山上有点将台、跑马道、古栈道、古战场遗址。大黑山上有众多隐藏的山洞,当地老百姓都说共有九十九个,其中之一为樊梨花洞,内有樊梨花悬棺。洞中常年风声啸鸣,传说内置机关暗器,没有人能够进入其中。至于洞中是否存有樊梨花悬棺,尚无人知晓。

2300多年来,三道营古城一直低调而安静地矗立在阴山南麓,记载了各族人民交往、交流、交融的历史,见证着中华民族共同体的形成与发展。让我们共同期待,或许在不久的将来,随着考古调查工作的深入,传说也许真的会变成现实。

作者简介:董帅宇(1977—),男,汉族,系内蒙古自治区文物保护中心业务人员,硕士研究生,从事革命历史文化遗产研究。

探索横跨中俄蒙"成吉思汗边墙"的秘密

长海

"平畴草野起边墙,北拒雄藩铁骑兵。壕墙戍堡今犹在,一览无余塞上风。(《题金长城》)"一提起长城,人们马上会想到秦汉、明代的长城,而在蒙古高原东北部有一条穿越中俄蒙三国的长城,俗称"成吉思汗边墙"(Chinggisiin Dalan)。

中国境内方形边堡——小孤山北边堡远景(图片来源:《呼伦贝尔文化遗产》,文物出版社,2014年)

"成吉思汗边墙"又被称为岭北金(界壕)长城,它东起根河支流库力河滩沼泽地带,向西沿根河南岸至根河河口,再折而向南沿额尔古纳东岸南行,再西南越过额尔古纳河,再在俄罗斯境内向西南延伸,到满洲里复入中国境内,西经巴尔虎草原北部,入蒙古国境内,沿着克鲁伦河与乌勒吉河之间的草原逶迤向西,终止于肯特山东南麓的乌勒吉河源与鄂嫩河源之间的沼泽地,总长度近800公里。

"成吉思汗边墙"主体设施由墙、壕沟组成,其筑法是在平地挖掘壕沟,在挖掘过程中所取出之土均堆积在壕内侧夯筑成墙体,从而形成由墙、壕结合的一道双障防御线。掘壕堑,以防御战马冲越。掘壕取土在内侧筑墙,更加可阻止骑兵前进。据考古调查所见,墙基5～6米宽,壕底8～10米宽,现存深度0.5～1米。在边墙内侧一定距离设有方形、圆形、回形、铜钱形边堡,其功能为调遣士卒、部署战斗、保证供给的前沿指挥机关,其作用与历代长城的障城相同。

距今166年前,俄国地理学家、探险家彼得·阿历克塞维奇·克鲁泡特金在中国东北地区进行考察时发现这道边墙,认为是与成吉思汗有关的遗产,称其为"成吉思汗边墙"。

有关"成吉思汗边墙"这一名称蒙古民间有一个传说:成吉思汗的宝贝女儿嫁到呼伦贝尔,当时草原社会动荡不安,且流行"抢婚"。成吉思汗想亲自送亲至呼伦贝尔,但是自从出现先祖俺巴孩汗送亲至塔塔儿部被敌部出卖送到金国杀死一事后,蒙古人制定了"女孩出嫁父亲不送亲"的习俗,所以不允许大汗亲自送亲。在送亲队伍临出发时,大汗命令军队修筑土墙,让送亲队伍行走在土墙内侧,自己却领军行在土墙外侧,从蒙古三河之源安全送亲至呼伦贝尔草原。在大多数蒙古人眼中,"成吉思汗边墙"当然是成吉思汗的军队修筑的,其实这道边墙与大汗无关。

20世纪60年代初,翦伯赞等著名历史学家应乌兰夫同志邀请访问了内蒙古,他在《内蒙古访古》一文中,论证了"一道横亘在蒙古高原东北部的古代边墙是女真人留下的遗迹"。20 世纪 70 年代以来一些学者相继提出"辽代边墙"的说法,认为"契丹人是为了抵御北部乌古、敌烈人侵扰,保护海拉尔、克鲁伦河农牧业而修筑的。"

那么,这条"成吉思汗边墙"到底是何时、何人、为何修筑呢?据历史文献记载来看,"成吉思汗边墙"应是女真族在金朝初期为了防御耶律大石东征复辽,保护金上京会宁府而修筑的一道军事防御工程。

公元 1115 年完颜阿骨打建立金朝,后与北宋建立海上之盟联合灭辽,1125 年金灭辽朝,1127 年金又灭北宋。形成了北起外兴安岭,东到大海,西北到蒙古草原,西与西夏接壤,南以淮河、秦岭与南宋为界的大金国。在金朝不断强大的同时,游牧于蒙古草原的诸部族也逐渐强大起来,开始侵扰金国的边疆。尤其是 1124 年至 1130 年,耶律大石控制漠北之后,直接威胁了金朝后方的安定。

《金史·粘割韩奴传》载:"太宗二年(公元 1124 年),辽挞不野来降,言大石称王于北方,署置南北面官僚,有战马万匹,畜产甚众。诏曰:'追袭辽主,必酌事宜二行。功讨大石,须俟报下。'三年(公元 1125 年),都统完颜希尹言,闻夏人与耶律大石约曰:'大金既获辽主,诸军皆将归矣,宜合兵以取山西诸部'。诏答曰:'夏人或与大石合谋为衅,不可不察,其严备之。'七年(1129 年),泰州婆卢火奏:'大石(耶律大石)已得北部二营,恐后难制,且近牧群,宜列屯戍。'昭答曰:'以二营之故发兵,诸部必扰,当谨斥候而已。'"这表明,1124 年至 1129 年的六年中,与泰州都统婆卢火对立的耶律大石,在漠北的军事势力逐渐强大,并与西夏有所交往,给金朝以掣肘之忧。并且更可怕是,他的部众顺着克鲁伦河逐渐靠近女真人的"龙兴之地",给金朝西北边境造成巨大的威胁。

金天会七年(公元 1129 年),婆卢火得知辽耶律大石已接近边界时,他向皇帝请求"列屯戍",但太宗认为此时只应"谨斥候","列屯戍"意味着要有一定数量的军队沿边墙、边堡等军事工程驻扎屯田戍边。

俄罗斯境内铜钱形边堡——大塔桑库日边堡(图片来源:谷歌地球)

由此可以推断,天会七年以前在泰州婆卢火的筹划和主持下,在金国西北边部,已经修筑了一道军事防御边墙。1135 年蒙金战争爆发后,蒙古骑兵已经跨越了军事防御边墙追袭到金上京会宁府西北。战争结束后,金朝"割西平河(克鲁伦河)以北二十七团寨"予蒙古,证明了金朝边墙失去了挡住蒙古骑兵的防御功能,因此,这道边墙也就逐渐被废弃了。

作者简介:长海(1986—),男,蒙古族,系内蒙古自治区文物保护中心馆员,历史学硕士研究生,中国蒙古学会员,从事北方民族历史考古与文化遗产研究。

金界壕内侧的古城堡

王学吾　田少君

在商都,有很多村名以古城堡命名,如七台镇的大小土城子、西井子镇的前后土城子就是几个典型的例子。这些古城遗址都被文物部门纳入县级不可移动文物加以保护。

区级文物保护单位西坊子古城遗址位于七台镇小土城子村后,距离商都县城北十五公里。这座古城遗址所以被命名为西坊子古城遗址,是因为命名时这里归属西坊子乡。据专家考证,这座古城建于金代,距今有近千年的历史。古城呈方形,坐北朝南,占地200多亩。古城遗址城墙全部坍塌成土埂,只有墙角城楼和不远不近的墙垛或有残存,依稀辨认出城墙是用夯土筑成。城墙宽约3~4米,在夯筑时颇为讲究,是两面用板、中间用绳连接,一层一层夯上去的,即使现在用手抠,也只会抓出道道指印。城墙每间隔50米左右有圆形城楼一座,四个拐角都有城楼。城楼是用土砖砌成的。所谓土砖,是用泥加上植物秸搅拌均匀后,打成长40厘米、宽30厘米、厚约6厘米的泥砖,晾干后成土砖。这种精细的建筑在商都县其他数个古城堡遗址中都没有被发现,仅这一点就可以看出当时居住在城堡内居民的社会地位。根据城墙的制作布局来看,小土城古城遗址并不是一个简单的村庄,而是一座城池。

整个城由南门入内,正对的一条路直通到北城墙。这条路将方形古城一分为二,西边为25°坡地,东边则是平地。根据后来出土的文物古迹判断,西边坡地居住的是穷人,因为出土的钱币较少,瓷片也非常粗糙,出土的多是一些农具部件。东边平地上建筑物的基石整齐,多出土铜钱、铜镜、箭头、骰子、砚以及大量的瓷器,可见这里是富贵人家或者是这座城堡的商业中心所在地。城堡东墙边紧挨着一条长年流淌的小河,居民用水可能从小河里提取,富人自然是近水楼台先得"水"了。

其实,不仅是城内的居民社会地位不同,城外居民的地位恐怕连城西贫民区的人们也不如。在小土城遗址的南北两侧,人们时常可以挖出零星的人类活动遗留下的遗物,大多是犁具、灰陶片。这些人住不进城堡的原因可能是因为他们不属于这一族系,亦或更穷。

古城遗址在小土城村后,现今村里有的人家房基就在城墙上,高凸的城墙被村民充分利用,上面挖了一排排菜窖。小土城村与相邻不远的大土城村的村名就源于此地的古城堡。

年届八十的一位村民说起这座古城堡时,眼神里充满了儿时的欢愉。他小的时候和小伙伴们常在古城堡里玩耍,在这里"探宝"是他们的游戏。十几个小孩子带上简陋的工具,有时能挖出铜器,可卖废品换几粒糖。不走运的时候,他们会挖出人的尸骨,这群天不怕地不怕的毛头小子会用尸骨在自己身体上比划,确定是什么部位的,比自己的大就是大人的,比自己的小就是小孩子的。古城堡早已夷为农田,只要一场大风过后,地里就可以捡到铜钱,农民耕地的时候,有时犁铧会勾出一罐铜钱。当年的大小土城子村家家都有捡回的铜钱,大跃进时期赶上国家号召大炼钢铁,农民们把整缸的铜钱、铜镜、刀剑拉到县里炼了钢铁。这里近千年的文化积淀,在那段岁月里,铸就了土城古遗址不为后人所知晓的遗憾!无知往往会铸成大错,而且损失无法弥补。

对于乡下人来说，土城子古城离县城已经很远，通常不大会成为人们关注的地方。然而在改革开放后，几拨收古董的人在村里出现，人们才意识到这座古城堡的重要性和现实意义。20世纪80年代末的一个春天，大地解冻春播未至的时节，邻近几个村的农民一股风似的席卷了整个古城遗址，那场面现在看起来都会觉得震惊。一排排房屋地基轮廓被挖出，地基全部用板儿石垒砌。人们根据这些地基轮廓可以判断哪儿能挖到宝贝。据说：古城是毁于战乱或者是被土匪屠城，因当时世道不稳当，人们把大部分钱财都藏到炕洞或厕所里。所以人们只要挖到炕箱里的黑土或厕所里的肥土，都会收获颇丰。我亲眼目睹了大量的铜钱、铜镜被人们装入口袋；一个完整的石头砚台有底有盖，两边各一排字，中间是砚池，上边是笔架，做工非常精致，保存完整，隐约还能看到一些图案，当场被一个收古器的人50元收购；一把一米多长的剑也格外引人注目，剑鞘早已腐朽，而这把剑依然寒气逼人。太多瓷器因为挖掘不科学而被毁坏，个别造型较小的得以幸免，但最终不知流入谁手。整个古城到处都是瓷器碎片和白骨，场面十分火热。此次大规模非法挖掘持续一周多，事后几天终于有人报警，该抓的抓，该罚的罚，该没收的都没收了。没收的东西交到哪里？后来有没有专家学者研究过这些东西？都不得而知。直到现在，古城遗址仍是专业盗墓贼常来的地方，他们大白天开着车带着金属探测器，在已被农民耕种数十年的地里一寸寸地搜索，颇像电影里日本鬼子探地雷的模样。他们搜索的范围逐渐拓展，2013年春末，终于在距离古城三里多的东边山坡上找到了一座据说是古城池主人的墓葬。村里放羊老汉发现时，他们已经拿着宝物溜之大吉了。只见盗洞直插墓室,墓室由青砖砌成还没有塌陷。古墓的发现让人们又联想到这座即将被黄土掩埋的古城,古城堡再次成为当地人茶余饭后的话题。

古城堡中被发现最多的是铜钱,其次是瓷骰子,与现在人们玩的骰子式样相同,只是略大一点儿。大集体时农民常用地里挖出的大瓷碗和大骰子就地娱乐,"二拉四""金钱豹"等吆喝一通。这种骰子在城堡里被发现的数量之多,说明当时的人不仅仅是用于赌博之乐,可能还有某些宗教仪式会使用。

对于城东和城西都居住着什么类型的人,目前还没有明确定论。但可以肯定的是,社会地位迥然不同。城西亦或是仆役,亦或是普通的穷人,但城东一定是贵族或是富商的居住地。城东这片平坦的土地聚集着财富,甚至权力。

这座古城堡是怎样消亡的?从出土的尸骨也许能说明一二。人们经常从城堡中挖出尸骨,而据研究辽代契丹人生活的专家解说契丹族建城居住时,丧葬习俗早已与汉族同化,他们不会把死人埋在自己生活的院里,更不会埋在房里。而有后人却在古城中一家炕上一次挖出五颗人头骨,大小不一,这显然是一家人被集体屠杀的。另外,雪白的骨质也可以判断出是被集体屠杀,这可能是令古城堡消亡的直接原因。这种屠杀极有可能是战争,战争毁灭了人们的生活。

古城遗址默默无闻,充满了历史烟云,夕阳中仿佛向我们述说着当年发生在这里的一幕幕惊心动魄的故事。当年的古城腹地,现在已是玉米长得青翠挺拔、马铃薯开着白色的花。在古城遗址的旁边,又生出了两个与古城相联的村子:大土城、小土城,这也算对这座古城遗址永远的纪念吧。

土城古城遗址仅是金代人生活过的一个点。在商都县,已发现二百多处金代人生活群落,其中较大的与土城子古城年代相同的古城遗址有:

新围子古城,位于大库伦乡库伦图行政村新围子村西1公里处。平面呈正方形,边长375米,城墙夯筑,残高0.5～1.5米。各墙均有马面,四角设角台,东墙中部设门。采集有灰陶折沿盆、卷沿罐、剔花白瓷壶残片。

大文古城,位于大库伦乡大文村东北500米,平面呈长方形,东西380米,南北347米。夯筑土墙,基宽约4.5米,残高1～1.5米。南墙中部设门,外加筑瓮城。墙外有马面。

泉子沟古城,位于卯都乡泉子沟村东侧,平面呈方形,边长550米。夯筑土墙,基宽约10米,残高1.2米。东墙偏南开门。

西井子古城,位于西井子镇驻地东南10公里土城子村,平面呈长方形,东西700米,南北450米。夯筑土墙,基宽约7米,残高1～1.5米。东、西墙各开门,外加筑瓮城,墙外有马面。

大拉子古城(区级文物保护单位),位于西井子镇土城子村,平面呈长方形,东西700米,南北400米,城内西部有南北向隔墙。夯筑土墙,基宽7米,残高2～4米。南、西墙中部开门,外加筑瓮城。四角有角台址。墙外有马面,南、北墙各6个,东、西墙各4个。

公主城古城,位于商都县大黑沙土镇公主城村内,平面呈长方形,南北680米,东西500米。夯筑土墙,东、南墙开门,外加筑瓮城,四角有角台址,四墙外有马面22个。

以上古城均为金朝城址,元朝延用(以上文物名称由文物管理部门命名)。除一些较大的古城遗址外,还有二百多处金代人生活过的痕迹遗存。在界壕的庇护下,他们在这里享受了短暂的安静生活。当蒙古大军越过金界壕,他们或逃亡,或战死,或遭戮,这一方曾经热腾腾的草原归于沉寂。直到清末,这片草原才又一次热起来。

作者简介:

王学吾(1959—),男,汉族,长期从事新闻工作,已退休。现为商都县政协特聘文史工作者。

田少君(1962—),男,满族,中共党员,商都县博物馆馆长,副研究馆员。从事商都县内文物保护及研究工作。

乌沙堡往事

王学吾

乌沙堡长城修筑于 1210 年（也称金大安长城），与前七十年修筑的界壕不同，采用夯土筑成，它是金朝用以防御蒙古大军入侵的军事防御工程体系。乌沙堡长城东自河北丰宁县草原乡东边墙沟，西经内蒙古多伦县、内蒙古正蓝旗、内蒙古太仆寺旗、河北省康保县、内蒙古化德县至商都县大库伦乡上二股地，基本上是在金大定初界壕的基础上加高加宽，加筑马面、烽燧而成。乌沙堡长城配置有二十余座边堡和屯兵城，长度约 276 千米。在商都县境内，有大文村边堡遗址清晰可见。乌沙堡长城遗址尚存，残高 1～2 米，宽 5～8 米。

乌沙堡长城留给世人太多的谜团，首先，它为什么被称为乌沙堡长城？

很长时间人们都在努力寻找一座叫作"乌沙堡"的城堡来印证历史，可是都没有结果。仔细想一想：金朝为了防御阻卜（珝）、广吉剌、合底忻、山只昆、婆速火等部族入侵而修筑了宏大的防御工事——金（明昌）长城，当面对征服了上述所有部族的成吉思汗的蒙古大军时，几十万金朝大军却仅仅修筑乌沙堡城堡来进行防守，这可能吗？所以乌沙堡不可能只是一座屯兵城，应该是一个防御体系的代号，就像金朝人称金（明昌）长城为边堡一样，也将这道防御体系称之为"乌沙堡"。乌沙堡就是这一防御体系的指挥所在地。史学界对这条长城为何称为乌沙堡长城有一致的看法，认为长城的总指挥机关建在一个黑土筑成的边堡内,故而称这条长城为乌沙堡长城。

历史上乌沙堡与另一个地名紧紧联在一起——乌月营。《元史·太祖纪》记载:"五年(1210 年)庚午春,金谋来伐,筑乌沙堡。帝命遮别袭杀其众,遂略地而东。""六年(1211 年)辛未春,……二月,帝自将南伐,败金将定薛于野狐岭。……金复筑乌沙堡。秋七月,命遮别攻乌沙堡及乌月营,拔之。"《金史·独吉思忠传》载:"大安三年(1211年),独吉思忠(千家奴)与参知政事承裕(胡沙)将兵屯边,方缮完乌沙堡,思忠等不设备,大元前兵奄至,取乌月营,思忠不能守,乃退兵,思忠坐解职。卫绍王命参知政事承裕行省,既而败绩于会河堡云。"

从敌对双方的记载可以看出,乌沙堡与乌月营是同时被蒙古军队攻陷的。

乌沙堡、乌月营的具体位置在那里呢?

现在,史学界对于乌沙堡长城之"乌沙堡"的位置存在若干结论:一、考古专家对这条长城沿线考察后,认为乌沙堡长城沿线三座边堡中最大的一座边堡位于河北康保县西南约 45 千米的西土城村南,城周 3230 米,距金长城约 23 千米,应为乌沙堡长城的总指挥所在地——乌沙堡边堡。另外一座位于内蒙古太仆寺旗永丰乡五间房村西,城周约 2240 米,距金长城约 160 米。第三座边堡位于太仆寺旗贡宝拉格苏木前营子村东,边堡城周约 1720 米,距金长城 2700 米。乌月营应该是这两座中的一座,它与乌沙堡边堡一西一东,均位于由抚州通往蒙古的要道上。二、考古专家认为商都县大库伦乡冯家村边堡应该为乌沙堡所在地,乌月营在今兴和县西北台基庙乡小土城一带,也有的专家认为乌月营在商都县十八顷镇小城子带,这两处都有较大的古城遗址留存。

乌沙堡长城是如何被蒙古大军攻破的呢？

《金史》《元史》都没有对具体战斗过程做太多的记述。大致是这样的，1210年，金修筑乌沙堡长城，按《元史》的记载，这是"金谋来伐"而筑，意即准备攻打蒙古而修筑的。于是，蒙古正当防卫，"帝命遮别袭杀其众，遂略地而东"，成吉思汗就派出一名叫遮别的大将将金刚刚修好的乌沙堡长城撕开一道口子，遮别领兵一直打到雁门关，带上俘获的战利品凯旋归来。对于蒙古军而言，这是一次试探性的进攻，结果大获全胜，金军有几斤几两他们掂量出来了。

《蒙古秘史》对遮别生平及他为打好这一仗进行的先期侦察进行了记载。遮别，元开国功臣，他的名字，汉语译了几个读音相近的词：哲别、者别、只别。他原名只儿豁阿歹，蒙古别速惕部人。别速惕部曾与泰赤乌等部一起对抗铁木真，遮别当时是泰赤乌部的战将。1201年铁木真与泰赤乌部会战中，遮别射伤了铁木真喜爱的坐骑白嘴黄马。在这次战役中，铁木真拼死获胜，泰赤乌部势衰，遮别后来投奔铁木真。铁木真问射伤自己爱马的人是谁，遮别一口承认，并且表示："倘若饶我，赐我一命，赴汤蹈火，在所不辞。"铁木真认为他很坦诚，可以交朋友，将他改名为遮别（意为箭镞、神箭），要他"就像我跟前的'遮别'似的保护我"。从此，遮别成为铁木真麾下的一员大将。

话说蒙古原是金朝属国，过去一直向金纳贡、献女人，还得遭受金国无端的欺侮。铁木真统一蒙古各部后，打败了周围其他民族，随即要与金开打，而且要求首战必须胜，铁木真把这一任务交给遮别。遮别领命袭扰金刚刚修筑的乌沙堡长城，他也不知道里面的虚实。据《蒙古秘史》记载，遮别化妆成一个普通的羊贩子，背着毡包、拿着牧羊鞭、赶着一小群羊从容地从今天的格化司台一带混过金界壕。他的任务是侦察、摸清金兵布防及战斗力。这次侦察后，遮别向铁本真报告，金兵防守看上去很严，但军队涣散，没多大的战斗力。他还向铁木真提出了突破金界壕的办法。在一个月黑风高的晚上，遮别带他的部队摸到金界壕下，军士每人带一袋土，轮番倒在界壕下，不一会儿就形成了一个较大的缓坡，战马不再受界壕阻拦，沟壑变通途。遮别袭扰了附近几个边堡，向南直到雁门关附近才折返，并抢得大量牲畜和边民。经此一战，蒙古不再视界壕、长城为屏障。自然，经此一战，乌沙堡长城已变得千疮百孔。

刚刚修筑后的乌沙堡即被蒙古大军破坏，金朝还想修补，将防御的希望寄托在这条大土埂上。大安三年（公元 1211 年）再次修筑（缮），随即又被成吉思汗攻克。《元史·太祖纪》记载："六年（1211年）辛末春……二月，帝自将南伐，败金将定薛于野狐岭。……金复筑乌沙堡。"廖廖数语，将野狐岭之战过程省略并点出结果——金军大败。

金大安三年（公元 1211 年）旧历二月，成吉思汗亲自率军自怯绿连河（今克鲁伦河，呼伦贝尔市新巴尔虎右旗）南下，派先锋遮别率轻骑入金西北境侦察军情。遮别再次来到他上次突破的地方，不过这次是率轻骑，如入无人之境。金朝闻成吉思汗大兵压境，集中全国的45 万主力，与蒙古 10 万军队展开了一场大决战。

而当时，金朝对蒙古以长城为防线，以堡镇为防御要点，以屯驻军为机动打击力量。近十万人的行动必定有大量蛛丝马迹，但金国对待此事的态度一直很松懈，甚至禁止百姓谈论北方边事，得知成吉思汗大兵压境这一消息，金主才开始仓促布置，他一面调集军队向北方布防,一面求和延缓时间。金国的主力,也就是这时候开始调动的。卫绍王以平章政事独吉思忠(独吉千家奴),还有完颜承裕行省事于西北路,率领金国主力向中都北的桓州、昌州、抚州(内蒙古与河北交界处)运动,并授予西京留守胡沙虎行枢密院事,西京也就是现在的大同,打算依托界壕边堡在中都西北和西南跟蒙古人打防御战。

独吉思忠率领主力抵达北部后,第一件事就是加固界壕修筑边塞,他看300公里界壕虽然有城墙,但没有女墙副壁,所以组织军兵调集民夫大修土木工程,打算用这种办法来阻止蒙古军南下,号称"用工七十五万"。但是这种消极防御法除了劳民劳兵降低战斗力和挫伤士气外一无所获,重新修缮长达300公里的界壕边塞费时费力,而实际上只要集中兵力突破一点,整条300公里的防线就会全部落空。成吉思汗就是这么干的:分兵三万给三个儿子去打西京牵制胡沙虎,自己集中七八万的兵力重点突破乌沙堡后,发挥机动作战的优势继续迅猛推进又夺乌月营,独吉思忠苦心构筑的300公里界壕就这样陷落了。

乌沙堡陷落的消息传到中都,卫绍王解除独吉思忠的指挥权,改由完颜承裕主持军事。蒙古军推进的速度迅猛无比,完颜承裕被迫仓皇撤退,他被蒙古军队的机动灵活所震慑,担心成吉思汗可能绕过金军主力径直袭击空虚的中都,所以主动放弃桓、昌、抚三州的坚固城墙,径直退往野狐岭一线,打算凭借山势来阻挡蒙古军。

成吉思汗的倒土平路跑马上城,也就是这时候在兵力空虚人心惶惶的桓、昌、抚三州实行的。其实这法子其笨无比,充分说明了当时刚出草原的蒙古军队缺乏器械的攻坚能力之弱,但同时也很能凸显出蒙古将士一往无前的锐气和坚忍不拔的斗志。完颜承裕没有以大兵力跟蒙古人决战,也不敢困守城市让出通向中都道路的做法是有道理的,但他若是能一面以相对优势的兵力,譬如用十五万左右的兵力来防御野狐岭,同时在三州留下数万兵力打城池防御战,不难给蒙古人造成重大伤亡,那样成吉思汗前进仍有金军主力横路,同时三州不克后路堪忧,有可能就退兵或者改道。而完颜承裕率全军退守野狐岭的做法,实际上是把三个富裕殷实、满是粮食和人口的城池白白送到了蒙古人那里,让成吉思汗下一步的进攻再无后顾之忧。且桓州是金国牧监之地,完颜承裕不战而退使成吉思汗轻易拿下桓州,取牧监的军马数百万分给诸军,从此蒙古军势大振,而金人骑兵自此几乎枯竭。

成吉思汗抓住时机,扫荡三州后,向野狐岭进兵。此时金机动兵团四十五万,完颜承裕让他们分据险要,严防死守。这个主意貌似不错,山地作战小兵力凭借地形就能抵挡大军,同时也让蒙古骑兵陷入无用的境地,但其实是犯了跟独吉思忠修 300 公里界壕同样愚昧的错误。山势地形虽然能加强军队的防御能力,但同时也会分散自己的兵力,减慢将领指挥传达的速度,还有军队互相救援的速度也大打折扣,敌人只要一路重兵突破下去,其他险要的己方兵力相当于全部闲置,因此绝不是大兵力决战的好地方。完颜承裕在野狐岭一线分据险要的做法其实是自己分散了自己的兵力,属自掘坟墓。八月,金军以胡沙虎主军、完颜兀奴为监军,定薛为前锋,完承裕继后,合军 30万,外加 15 万机动兵,一共 45 万精锐部队至野狐岭防御。契丹军师献策,当乘蒙古军方破抚州,正纵兵大掠,马牧于野之机,以轻骑攻其不备,定能获胜。胡沙虎不纳,认为只有步骑并进,才是万全之策。次日,择军北进。成吉思汗发现了完颜承裕布局上的致命缺陷,马上采取重兵一路突破的做法即率中、左二军十万集中迎击于獾儿嘴（野狐岭北山嘴）。蒙古万户木华黎认为，在敌众我寡的形势下，必须死力拼杀，方能取胜，即率八鲁营敢死队，挺枪策马，冲入金军阵中。因为山势险要，蒙军全部下马步战，凭借高昂的斗志和锐气杀得金军大败，木华黎部一路冲杀，直向完颜承裕的中军指挥部突击过去。成吉思汗挥中军继进，往来冲杀。完颜承裕这时可以说已经丧失了大部分的军事指挥能力，大部分的军队分散在野狐岭各个山口险要，根本来不及联络调动，更别提支援了。而前方兵败如山倒，蒙古人来势太快太猛，他只得拉起手头能调动的部队向宣德方向逃走。主将下落不明，兵力再庞大也没用，金兵军心涣散，纷纷逃走，被蒙古人漫山遍野追杀，死者蔽野塞川，蒙古军乘胜追击，伏尸百里。

完颜承裕手头还有数千人，在逃亡的路上有不少溃散的兵马又跟他汇合，到了浍河堡时总算重新集结了数万人，但他还来不及喘息，成吉思汗亲率追兵已赶到了。最后的决战地是浍河堡，围困和激战了三天后，金兵丧失了最后的抵抗能力，成吉思汗亲率3000精骑突入敌阵，随即数万蒙古军对金兵发起全面总攻，鲜血染红了浍河川口，完颜承裕只身逃走，金国的中央机动兵力已不复存在。

从此，乌沙堡长城成为历史。

作者简介：王学吾（1959—　），男，汉族，长期从事新闻工作，已退休。现为商都县政协特聘文史工作者。

明长城的前沿哨所——二道坎烽火台

武俊生　谢晶

　　二道坎烽火台位于乌海市海南区巴音陶亥镇东风六队（现为西水社区黄河二队）东北 700 米左右处，坐落于黄河东岸二级台地的边缘，西距黄河约 800 米，北侧 300 米有一条季节性小河西流汇入黄河。烽火台地理坐标为北纬 39°25′18.47″，东经 106°45′30.50″，海拔 1160 米。1986 年 4 月乌海市文物工作站在第二次全国文物普查期间发现。2009 年 10 月乌海市文物工作站在第三次全国文物普查期间对遗址进行了复查。

一、二道坎烽火台修筑的历史背景

　　烽火台是古代用于传递军情的构筑物，亦称烟墩、烽台、烽燧、烽堠、狼烟台等，多建于视野开阔的地方，是警戒和传递军情的工程设施，"筑墩于边外，所以明其烽燧，瞭其向往，以防胡于未入之先"。[①]在通信落后的冷兵器时代，用烽火台传递信息，非常便利。明廷十分重视对烟墩的构筑。永乐十一年（公元 1413 年），明成祖下令："边境不可一日无备，于农隙而不图，碎遇寇至何以济事？其令诸处修筑烟墩。高五丈，必坚如铎石，庶几寇至，可以无患。"[②]并且，明成祖对其构筑也做了具体设计，"高五丈有奇，四周城高丈，外开壕堑吊桥。门

---

① （明）刘焘：《哨报》《明经世文编》卷三〇四。
② 《明太宗实录》卷一四一，永乐十一年七岁甲辰。

道上置水柜,暖月盛水,寒月积水。墩置官军三十一人守燎,以绳梯上下"。①

乌海境内的明长城在明代归宁夏镇管辖,是北路平虏营所辖长城的一部分。明朝放弃河套平原后,退守宁夏镇,失去地利,黄河以东地势较为开阔的盐池、灵武一带,成为游牧民族南侵的突破口。

明代,在这里两次修筑过长城,一是"沿河边墙",二是"陶乐长堤"。成化十五年(公元 1479 年)巡抚贾俊主持修筑。这道边墙位于宁夏横城以北黄河东岸,南与河东墙相接,主要防止河套蒙古势力趁冬季河水结冰,渡河攻掠宁夏镇城等地。② 根据明代人杨一清的记述,沿河边墙的规模为:"宁夏横城北黄河东岸旧

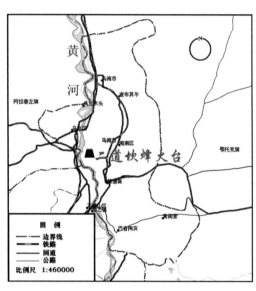

二道坎烽火台地理位置图

有边墙一百八十五里,壕堑一道,高厚深阔悉如花马池一带城堑之数,自南而北,有长城十八墩,后守臣恐稀疏,每墩空内,添设一墩,共见在墩台三十六座。墙里套内地方,又设石嘴、暖泉二墩瞭守。其第十八墩与河西黑山营、镇远关相对,每年于黑山营屯聚人马,阻遏虏骑,以为宁夏北门锁钥。"③这道边墙因沿线原有墩台十八座,又称"十

----

① 《明太宗实录》卷一三四,永乐十一年冬十月丁未。
② 《明宪宗实录》卷一九七,成化十五年十一月丁未。
③ (明)杨一清:《为经理要害边防保固疆场事》,《明经世文编》卷一一六。

八墩边墙"或"沿河十八墩"。

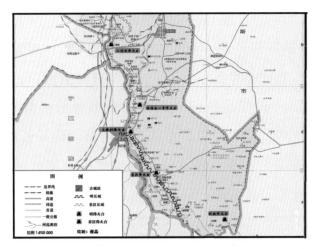

乌海市明长城分布示意图

从实地调查情况来看,二道坎烽火台孤悬于"沿河边墙"及十八墩之外,形体高大,构筑精细,周围带有三重围墙,具备前沿哨所的条件,应该就是石嘴、暖泉二墩之一。王琼在《北虏事迹》中还说:"镇远关、黑山营,对河之东为山嘴墩,南至横城,旧有墙堑长一百八十五里,墩台三十六座,皆年长废弃不能守。"[①]王琼记载的是嘉靖时期的事,此时"沿河边墙"已经废弃。但是王琼提到了一座山嘴墩,说它在镇远关、黑山营对面。前已介绍,镇远关正对着十八墩的第十八墩。现在又出来了一座山嘴墩,只能做两种猜测:第一,十八墩的第十八墩就叫山嘴墩;第二,山嘴墩是石嘴、暖泉二墩中石嘴墩的误写。如果是第二种,说明石嘴墩离第十八墩不远,那么孤悬在北的二道坎烽火台便是暖泉墩。

后来河东墩军经常被蒙古人掳掠,先是石嘴、暖泉二墩被迫放

---

① 单锦珩辑校:《王琼集》,第79页,山西人民出版社,1991年版。

弃,最后"沿河边墙"及"十八墩"都被废弃,直至嘉靖九年(公元 1530年),王琼新修"北关门"墙,镇远关、黑山营、"旧北长城"、"沿河边墙"被彻底放弃。最后到了嘉靖十五年(公元 1536 年),刘天和短暂恢复了河西的故土,在河东修筑了"陶乐长堤",以防卫河西。这段长城有一部分过都思兔河,便是我们今天在乌海市海南区看到的明长城。不久,明朝再次将宁夏北境防线南撤至平虏城,"陶乐长堤"也失去了初始的意义,再加之本来就修筑简单且经受了常年的河水冲刷和风沙掩埋,大半处于荒废状态。

二道坎烽火台俯视图

二、保存状况

烽火台修筑在黄河二级台地砂石梁上,整体保存较好,采用石包土的筑法,顶部为土坯垒砌。平面呈矩形,剖面呈梯形。烽火台自基部以上 10 米为石包土的筑法,是用自然石块夹红黏土砌筑,中间填充碎石块和杂土,还平铺有细圆木,起拉接作用。烽火台的顶部是用红黏土土坯垒砌而成的,土坯垒砌部分高约 4 米。台顶四周有土坯建造的垛墙痕迹,现存宽 1 米,土坯一般长 0.34 米,宽 0.18 米,厚 0.9 米。

西壁坍塌形成斜坡,东壁保存完好。四周地基以上每隔 1.5 米用木椽连接。台体底部四周向外 29 米为第一道围墙,呈土垄状,边长 71 米,残高 0.1～0.3 米、残宽 1.1～1.5 米,有些地段被洪水冲刷,现已无法看到。再向外 8 米为第二道围墙,边长 80 米,残宽 1 米,残高 0.3 米。二道围墙再向外 6 米为第三道围墙,第三道围墙边长 93 米,残宽 1 米,残高 0.3 米,该道墙的南墙和西墙同第二道围墙合并为一条。现西侧中部排水口堵塞,其余两个仍具有排水功能。但由于年久失修,原有排水沟部分石基被雨水冲刷,强度降低,砌筑毛石失稳向外塌陷。现石块杂乱无章,仅局部原砌筑形式尚存,部分段落风积土堰塞。

二道坎烽火台修缮前(自东向西拍摄)

三、考古发掘及保护维修情况

为配合二道坎烽火台台体保护加固工程,经国家文物局批准,内蒙古自治区文物考古研究所与乌海市文物工作站于 2019 年 5 月 6 日—5 月 21 日对该烽火台进行了考古勘探及试掘。通过发掘,基本了解了台体的基础结构、地层堆积、建筑方式及围墙的堆筑方法等情况，为台体的加固保护提供了科学依据。另外，在台体顶部还发现了两座圆形土坑遗迹，出土遗物主要为酱釉、茶绿釉瓷器残片，器型主要为缸罐类大型储器。此外，在东侧探沟内还出土了一块残青砖。

二道坎烽火台台体主要由台基、石包土台体及顶部垛墙构成。整体修筑方法为：先从原生土地面垫一层细黄沙土，略夯实。细黄沙土层东、北侧较厚，南、西侧较薄，使该层黄沙土上表面尽量水平。其后在这层细黄沙土之上修筑台基，台基之上修筑台体，台体顶部砌筑垛墙。台基以条石垒砌而成，条石向上层层叠涩内收形成斜壁。目前东、南两侧共发现5层齐整条石，西侧残存2层，北侧5层左右。推测台基应该由5层条石筑成，高1米左右。台基底部南北24.5米、东西24.2米，基本为正方形。条石错缝平砌，间以红黏土与沙土混合作浆粘合，缝隙宽1～2厘米。台基条石多为不规则长方体，石灰岩质，采自烽火台东北3公里处的甘德尔山及附近秦汉长城墙体。台基未解剖，内部结构不详，推测应为全石垒筑，中间无土芯。台基之上为石包土芯台体，从台体下部与台基结合处看，台体从台基边缘向内闪出30厘米左右开始砌筑。台基以上石墙垂直高度为10米，其上为土坯砌筑台体残高4米左右，2米为土坯包土芯台体，再上为土坯砌筑垛墙，高2米左右。

按照设计方案要求并结合考古发掘情况，施工方从以下六个方面对烽火台进行了抢救保护加固。一是对烽火台东、南、北三面剥落的墙体按收份砌石补砌；对风化、碎裂、失稳的石块用毛石原位归安，砌筑替补；对木筋缺失的孔洞进行填补，对西侧坍塌体素土夯实，加固冲沟。二是对宇墙用原规格的土坯按收份补砌、加固。三是对台芯用三七灰土夯实,并做防雨处理。四是对西、北侧三道排水沟进行修整。五是设置防护围栏。六是设置保护标志碑、保护界桩和展示说明牌等。

二道坎烽火台修缮后

四、二道坎烽火台的意义与价值

二道坎烽火台地处戈壁平原之上,西临黄河,目视范围广大,是观察、瞭望和加强警戒绝佳紧要之地,虽然是长城这一世界上最大的军事防御体系中一个小小的设置,但它特殊的地理位置就足以显示它重要的战略地位和特殊的历史文化内涵。二道坎烽火台经历了几百年的历史洗礼,依然矗立在戈壁之上,那沧桑的"面容"仿佛在向我们讲述那段辉煌的历史,从地理位置的规划到整体布局的划分,从材料的选择到建筑上的独具特色,都是古人智慧的结晶,也是明代长城防御体系在此地的实物见证,为我们研究明代长城防御系统的科学内涵提供了实物例证。而且对研究宁夏镇明代时在西北边防中的作用及开发西北等历史课题均有重要的价值。

隆庆四年（公元 1570 年），漠南的蒙古地区和明廷建立了和平互市的贸易关系，结束了近二百年的敌对状态。"沿河边墙"随着"俺答封贡"开始完成了自己的使命。从明末至今，几百年的岁月中，二道坎烽火台的断垣残壁间已是杂草丛生，它渐渐销声匿迹，无人问津，从此退出了历史的舞台。

作者简介：

武俊生（1967— ），男，汉族，乌海市博物馆馆长，文博研究馆员，主要从事乌海历史文物研究、博物馆研究等工作。

谢晶（1985— ），男，汉族，乌海市博物馆文博馆员，主要从事乌海地方文物考古及历史研究等工作。

讲述长城历史 传承长城文化

——乌拉特前旗长城印记

李金梅

长城是中华民族的精神象征,熔铸着中华民族勤劳勇敢、自强不息的民族精神,积淀着中华民族博大精深、灿烂辉煌的历史文化。长城形成和发展的历史也是中华民族的文明发展史,长城伴随和见证了长达两千多年中国社会的兴衰更替和荣辱变迁。

我的家乡乌拉特前旗境内的长城,不像大家熟知的八达岭长城那样雄伟壮观,但它在中国长城历史研究中占有其他地区的长城不可替代的地位。可以说,乌拉特前旗境内的长城,是中国历史上最早的长城遗迹之一。

乌拉特前旗境内的两条长城,分别是位于乌拉山南麓的乌拉山前赵北长城和小佘太阴山主脉北脊之上的小佘太段秦汉长城。

乌拉山前赵北长城,据《史记·匈奴列传》记载为"赵武灵王亦变俗胡服,习骑射,北破林胡、楼烦。筑长城,自代并阴山下,之高阙为塞,而置云中、雁门、代郡",是中国历史上最早的长城遗迹之一。该长城以夯土建筑为主,部分段落采用石块垒砌,混筑墙体东起乌拉山南麓乌宝力格嘎查,经和顺庄、红旗队、小庙子、哈拉汗至乌兰布拉格沟口,全长约 52.7 公里,保存状况不很完整。

航拍乌拉山前赵北长城烽火台(拍摄地点:乌拉特前旗白

彦花镇太恩格尔嘎查,时间:2020 年 9 月,拍摄人:吕永平)

乌拉特前旗小佘太段秦汉长城属于中间段落,是抵御匈奴内侵的最关键地段,该长城由包头固阳县进入乌拉特前旗小佘太镇,以广申隆村东端为起点,过增隆昌、小井沟、鲁家地、河湾、佘太农场新村、阿尔善,西以圈圙补隆村西北贾力盖沟沟口为止点,进入乌拉特中旗,全长约 79 公里。

航拍小佘太段秦汉长城景色(拍摄地点:乌拉特前旗小

佘太,时间:2020 年 9 月,拍摄人:胡怀峰)

　　千百年来,长城内外农耕文明和游牧文明不断碰撞交流,形成了独具特色的长城文化。在两千多年的历史长河中,围绕着长城发生过许多可歌可泣的故事,流传着许多美丽的传说。同样,围绕着乌拉特前旗境内的长城曾出现许多家喻户晓的历史人物和传说故事。

修筑秦汉长城的蒙恬

　　据《史记·蒙恬列传》所记:"秦已并天下,乃使蒙恬将三十万众北逐戎狄,收河南。三十三年(公元前214年),便开始筑长城,因地形,用制险塞。起临洮至辽东,延袤万余里。"这就是闻名于世的秦万里长城,或称秦长城。蒙恬"渡河,据阳山,逶迤而北",筑成一段新的长城。这段新筑的长城就是雄居于乌拉特前旗境内阴山之巅的秦汉长城。它东接包头固阳(向东延伸到武川、集宁,最后进入河北境内,直至辽东),西经乌拉特中旗德岭山至临河北狼山口(向西一直延伸至宁夏,西至甘肃临洮),在乌拉特前旗境内长7900米。该段长城犹如一条巨龙盘旋在阴山腹地查石太山的马鬃山上,地势十分险要,是目前保存最完整的一段秦汉长城。2006年,被国务院公布为国家第四批重点文物保护单位。秦汉长城修建在山体的北坡中腰处,随山势起伏,呈自然过渡状态。秦汉长城高5～6米(最高处有10米),底宽4～5米,顶宽2.5～3米,长城用打制的黑色、红色石块及石片垒砌,层层叠压、交错咬合而成。秦汉长城呈东西走向,每隔300－500米左右在长城内侧设一座烽火台,在烽火台周边建有石筑的障城。

　　原中国文物研究所所长、国家文物局古建筑专家组组长罗哲文这样评价乌拉特前旗小佘太段秦汉长城:"我们确认该长城是公元前214年秦始皇派大将军蒙恬修筑的,而且是我国现存至今秦代长城中保存最完好的一段。"

汉代大将卫青

汉元朔二年(公元前127年),汉武帝派大将卫青领兵出击匈奴,收复了河套以南原秦王朝的辖地,并在阴山以南的河套地区设立了朔方郡和五原郡。五原郡在今乌拉特前旗境内。据《汉书·武帝纪》载:"武帝元朔二年,遣将军卫青出云中至高阙,收河南地,置朔方、五原郡,募民十万口斥逐匈奴阴山以北,修缮加固秦长城为防线。"而且在沿线的重要交通要冲增筑了亭障,加设了列燧,形成了一条更加完备的军事防线。

光禄塞古城遗址(增隆昌古城)

光禄塞古城遗址位于乌拉特前旗小佘太增隆昌水库北边,当地人称之为城圐圙或兴盛召。

战国时代,赵武灵王修赵长城时曾在这里建立大本营。公元前226年公子扶苏、大将蒙恬在北方地区一边修筑长城,一边屯田,戍守边防,在这里建立大本营和最高指挥部。

西汉建立后,经过文景之治,国力强盛,汉武帝时多次派兵北击匈奴,打败了匈奴。汉太初元年(公元前104年),为了迎接我国北方匈奴奴隶主贵族的投降,汉武帝令将军公孙敖在此修筑受降城。为了有效地防御匈奴人南下,汉太初三年(公元前102年),汉武帝令光禄勋徐自为在受降城的基础上扩大建筑规模,建成光禄塞城。

匈奴呼韩邪于公元前52年归附西汉,第二年率部南迁光禄塞下(光禄塞——乌拉特前旗境内的增隆昌古城),光禄塞成为呼韩邪的

增隆昌古城遗址航拍(二)(拍摄地点:乌拉特前旗小佘太,时间:2020年9月,拍摄人:吕永平)

行宫(或陪都)。在西汉的支持帮助下,呼韩邪恢复了对匈奴全境的统治。公元前33年,呼韩邪亲自率领庞大的团队到长安答谢西汉的帮助并请求和亲,汉元帝遂把宫女王昭君嫁于他。王昭君曾在光禄塞居住8年,昭君出塞的"塞"就是光禄塞。公元前25年,昭君从光禄塞出发越长城到达大漠草原的大汗廷(乌兰巴托附近)。呼韩邪父子在光禄塞建都达26年。昭君出塞使汉匈关系更加密切,也使汉匈和好安定达六七十年。

杨家女将佘太君与佘太城

在乌拉特前旗境内有大佘太、小佘太两个地名,对于"大、小佘太城"的由来当地百姓流传着这样的故事:北宋年间,辽国进犯宋国,边关告急,佘老太君率领杨家女兵利用长城抵御辽军,并取得了胜利。为纪念佘老太君的丰功伟绩,将所筑兵营称之为佘太城。佘太大捷后,为了肃清佘太城以东的残敌,佘太君又率部向佘太以东约45公里的地方,又筑一座军营,并将残敌全部趋逐出境。后人为了纪念这位抗敌有功的佘太君,将这座兵营为跟佘太城区分,称之为小佘太,原佘太城称之为大佘太。这便是大佘太和小佘太两个地名的由来。这个传说一直流传至今。

杨六郎与大佘太拴马桩

在乌拉特前旗大佘太镇北半山腰矗立着一根"石柱",占地面积约17.9平方米。当地人传说是杨六郎抗击辽军,暗查辽兵军情,休息时拴过战马的地方。现有很多人会慕名而来参观杨六郎曾经拴过战马的拴马桩。

杨六郎拴马桩(拍摄地点:乌拉特前旗大佘太,时间:2009年8月,拍摄人:李金梅)

马鬃山岩画

岩画为刻画在山洞壁上或山崖上的图画在旧石器时代后期至铁器时代早期的文化中常有发现,题材多为狩猎图像和野兽、家畜形象。

在乌拉特前旗小佘太马鬃山长城附近一处被称为"红墙"的石崖四周发现至今2000多年北方游牧民族刻画的许多山羊、猎人、牧人、狩猎场面及车辆倒场、驴等岩画,被称为马鬃山(阴山)岩画。其时代有的早于赵秦长城的建筑时代,有的是秦汉时期的作品,这为研究长城内外汉匈的战争与和平关系提供了十分珍贵的实物资料。马鬃山岩画是阴山岩画的重要组成部分。

马鬃山岩画(一)(拍摄地点:乌拉特前旗小佘太,
时间:2009 年 5 月,拍摄人:胡怀峰)

马鬃山岩画(二)(拍摄地点:乌拉特前旗小佘太,
时间:2009 年 6 月,拍摄人:胡怀峰)

作者简介:李金梅(1973—)女,蒙古族,巴彦淖尔市乌拉特前旗文物管理所馆员,学历本科,主要负责重点文物保护单位文物安全巡查、重点文物保护单位"四有"档案的整理及黄河资源调查和文物保护单位基础信息的录入等工作。

长城历史故事（六则）

王大方

居延汉简的故事

"居延"是匈奴语"天池"的译音。《史记·卫将军骠骑列传》写：汉武帝元将二年（公元前121年）夏，骠骑将军霍去病攻打小月氏，曾至"居延至祁连山"；在《史记·匈奴列传》中亦记载霍去病"击匈奴，过居延，攻祁连山"。查《尚书·禹贡》中，凡"过"字，皆指水名，可见汉代这里有水。

"流沙泽"汉称"居延泽"，唐称"居延海"。唐著名诗人王维任监察御史时，于开元二十五年（公元737年）奉使途径居延，写下名诗《使至塞上》："单车欲问边，属国过居延。征蓬出汉塞，归雁入胡天。大漠孤烟直，长河落日圆。肖关逢侯骑，都护在燕然。"诗中"长河"即居延海。

汉代居延为匈奴南下河西走廊必经之地，汉武帝时为加强防务，也为防止匈奴和羌人联系，令路博德在此修长城，名"遮虏障"，汉名将骑都尉李陵兵败降匈奴，即在居延西北"百八十里"处（《史记·匈奴列传》正义引《括地志》）。

汉武帝时，在居延设都尉，归张掖郡太守管辖，不仅筑城设防，还移民屯田、兴修水利、耕作备战，戍卒和移民共同屯垦戍边，居延即为中心地区，居延长城周边兵民活动在汉代持续200多年，形成大量居延汉简。

居延旧简中其最早的纪年简为武帝太初三年(公元前102年),最晚者为东汉建武六年(公元30年)。综览居延汉简,内容涉及面很广,现略分为政治、经济、军事和科学文化。

例如在军事方面:居延汉简多是西北边塞长城烽、燧、亭、鄣的文书档案,所以与军事有关的简牍可以说比比皆是。根据简文记载考证,汉代的居延地区,为了军事防御设有两都尉,即居延都尉和肩水都尉。其中肩水都尉府即为今大湾城遗址,都尉有都尉府,都尉府属官有都尉丞、侯、千人、司马及其他僚属,都尉驻地称城,侯官所在称鄣。城尉下属有司马、千人、仓长等。都尉府直接的下属军事机构称侯官,侯官的下一级军事机构是部,部的下一级即燧,燧有燧长,管辖戍卒,少则三四人,多则三十余人不等,这是最基层的瞭望防御组织,与今日的哨卡职能近似。边塞的戍卒其服役的性质可分为燧卒、鄣卒、田卒、河渠卒、守谷卒、亭卒等。简文中所记载的武器,名目繁多,最常见者为弩。

1926年,北京中国学术协会和瑞典学者组成西北科学考察团,到内蒙古、甘肃、新疆、宁夏等地进行天文、地理、文物、古迹、风土、民情等综合考察,初步了解到居延汉简的一些情况,在汉代长城居延地段的甲渠侯官的城堡、甲渠第四燧的瞭望台和肩水金关的关城三个不同等级的军事设施和建筑物中发现了汉代木简。1930年4月20日至5月8日,考察团成员瑞典学者弗克·贝格曼(Folke Bergman)首先在居延长城烽燧遗址发掘出汉代木简。同年12月27日至1931年1月25日,贝格曼一行又在破城子甲渠侯官的城堡遗址发掘出汉简5200多枚、汉代遗物1230件,中国学者根据汉简文字确定破城子乃汉代张掖郡居延都尉所属的甲渠侯官所在地,为重点发掘地区。

"甲渠"为地名,"侯官"不作官长解,而是长城要塞上瞭望防范敌人的哨所,相当县一级。弱水自北向东流向 40 公里外的居延泽,此地有水有人,乃匈奴重点进犯地区,亦为汉朝重点防务地区,设 26 个烽火台和一个城堡(名"鄣"),由长城连接。

城堡东侧是戍卒宿舍、厨房,有一间不足 6 平方米的小屋,贝格曼在小屋遗址中发现了成册的木简,有一册为 3 枚木简,内容是汉元帝永光二年(公元前 42 年)一个下级武官父死居丧的报告书;还有一册为 77 支木简编在一起,内容为汉和帝永元五年(公元 93 年)的账簿,如包括兵器、钱谷、器物、车马等分类账簿,以及名册、报表、家信等等。"册书"的出现,专家们推测此小屋很可能是当时的档案室,后来在此的进一步发掘证实了这一推断。

距城堡东门 30 米处是废弃物灰烬堆积,从中发掘出 222 支木简和 739 件汉代遗物。这些汉简有皇帝的诏书,甚至发掘出成册的诏令集,如汉武帝时期的《诏书辑录》残册,成帝永始三年(公元前 14 年)的《诏书册》16 枚木简及王莽的《诏书辑录》残册等。

距甲渠侯官城堡以南 5 公里许,有侯官和 3 个烽火台遗址,1923年贝格曼曾在此发现一枚汉简,定名为"甲渠第四燧遗址"。汉长城侯官之间每隔约 5 公里建立一亭燧,用以夜间报警。每一燧下有若干烽火台,每一燧有戍卒三五人,多时达 30 人左右,有一人经常瞭望,其余则积薪、炊事等。丝绸之路从长安开始,共 10000 余公里,仅汉朝境内就有 5000 多公里,在河西走廊则依仗烽燧保护商旅,它对丝绸之路作用重大。若匈奴南下,"以烽主昼,以燧主夜",白天放烟(在柴草中放入狼粪,烟则直入云霄,故称"狼烟"),夜间点火,以通敌情。在这里出土的汉简上，记载有第四侯长何某的治所，因而得知这里是第四燧，后来成为第四侯侯长长驻的烽燧。

肩水金关在甘肃省金塔县，汉代是肩水侯官所属的一座烽燧关城，归张按郡管辖。1930 年贝格曼在这里遗址发掘出汉简 850 多枚和 50 多件汉代遗物，如麻纸、封泥、笔、砚、木版画等。

1972 年至 1976 年，中国考古队又在居延地区全面、深入发掘，出土 19637 枚汉简，其中有年的汉简就达 1222 枚，乃历年出土最多者。

汉代最伟大的科技成就莫过于继承秦朝大力修筑长城，秦汉修长城资料现存极少，但在居延汉简中却有充分的记载。秦、汉以屯田、徙民来实现筑城、戍边的任务。有一枚居延汉简记载了屯田情况："元康四年（前 62 年）二月己未朔乙亥，使护鄯善以西校尉吉、付卫司马富昌、承庆、都尉寅重郎。"这枚木简讲的是汉宣帝神爵三年（公元前 59 年）设立了西域都护，以管理当时西域 50 个属国的行政事务和屯田，自此西域屯田大发展。

居延汉简详细记载了发现敌情时，如何发挥长城要塞烽火台的作用。1974 年在甲渠侯官遗址出土了《塞上烽火品约》木简 17 枚。"品约"是汉代的一种文书形式，用于同级衙署之间签订或互相往来的文书。《塞上烽火品约》是居延都尉下属的殄北、甲渠、三十三井这三个要塞（即"部"）共同订立的联防公约，反映了发现敌情时，长城各要塞应如何点烽火以传递消息，无疑这对于研究长城御敌详情，弥足珍贵。

《塞上烽火品约》第九条："匈奴人入塞，守亭鄣，不得燔薪者，旁亭可举烽、燔薪，以次和如品。"是说如果匈奴人攻来，守要塞者来不及燃薪，或被围困而无法燃薪，邻近的烽火台有义务点燃自己的薪火。

《塞上烽火品约》第十条:"若误,亟下烽灭火,侯尉史以檄驰言府。"若万一信号有误,立即"下烽灭火",由侯官的尉史将书面报告驰报都尉府。

《品约》第十四条:"匈奴人即入塞,千骑以上,举烽,燔二积薪;其攻亭坞,□□□举烽,燔二积薪,和如品。"匈奴来犯,(不满千骑,只烧一积薪;超过一千人,烧二积薪;两千人以上,烧三积薪)。其他烽火台以火势大小判断来敌之数。

《塞上烽火品约》第十六条:"匈奴人入塞,天大风,风及降雨,不举燃者,亟传檄告入,走马驰□以夜,急疾□□□。"匈奴入侵,天气恶劣,无法点薪,则应立即写书面报告驰送上司。

上述几枚木简的内容,形象描绘出长城要塞在和平时期和战争时期的生动画面。

长城不仅起到御敌作用,它还是联系各民族友好往来的纽带,有一枚汉简十分难得地记录了汉朝和各少数民族的密切关系:"皇帝陛下,车骑将军下诏书曰:乌孙小昆弥乌就屠……"记载的是何事呢?据《资治通鉴》记载:

汉宣帝神爵二年(公元前60年),宣帝派郑吉为使都护西域骑都尉,西域都护府设在乌垒城,管理西域的乌孙、大宛、康居等36个属国。甘露元年(公元前53年)乌孙内部争夺王位,乌就屠自立为昆弥,汉宣帝特下诏书曰:"立元贵靡为大昆弥,乌就屠为小昆弥。遣长罗侯将三校屯赤谷(今哈萨克斯坦伊塞克湖畔)。"这枚木简记载的就是这件事。以后西域发展为50个属国,"自驿长至将相王侯,皆佩汉印,凡三百七十六人"西域王公接受汉王朝册封。

　　1974 年前后发掘出《甘露二年御史书》一套、木简三枚,约 500 余字,相当于今日的通缉令,内容为:汉宣帝甘露二年(公元前 52 年)署名为"丞相少史、御史守少史","移(送)郡太宁"的一道律令,追捕一个女逃犯。她是汉武帝女儿盖主的贴身大婢,汉昭帝元凤元年(公元前 80 年)盖主死,她家牵涉到谋反罪,判处"绝户"(剥夺宗室籍,幸存者一律免为庶人),这个大婢乘乱逃跑,未被抓获。甘露二年,大婢的胞兄,是盖主之弟、汉武帝第五子广陵王刘胥的马车夫,犯了叛逆罪,大婢再次受到株连,罪名是"大逆同产",而被追通缉。

　　这套通缉令木简是给张掖太守的,张掖太守又将文件转给各都尉,都尉又转给各郸塞侯官,郸塞侯官又转给各侯长。发掘出的这套木简反映了汉王朝中央政府发布文告、律令的文书形式,以及边塞各级官署上下级组织关系,和公文传递时的层层照转关系,对于研究汉朝的政治制度及文书档案制度意义重大。

　　20 世纪初年,新史料的发现极大地促进了中国学术的发展,如王国维利用甲骨文验证《史记·殷本纪》的正确,利用汉晋木简考证西北史地,都取得了卓越的成绩。而数量巨大的居延汉简的发现,更为历史研究带来一股新鲜活力,劳榦利用这批资料在居延汉简研究领域取得了突出成就。居延汉简为中国古代史的研究做出了突出贡献,对研究汉朝的文书档案制度、政治制度具有极高的史料价值,被誉为"20 世纪中国档案界的四大发现之一"。同时,出土的古代汉简中的书法墨迹极大程度地丰富了汉代隶书的研究内容,为中国书法史填写了浓墨重彩的一笔。

阴山汪古守界壕

　　拉施特在《史集》中说:金朝皇帝为了防御蒙古、克烈、乃蛮等部,修筑了一道大墙,交给汪古部守卫。汪古部原住边墙金界壕以外,其中心为黑水(今包头市达茂旗艾不盖河)附近的按打堡子。蒙古灭金,又据有净州(今乌兰察布市四子王旗城卜子村)、砂井(今四子王旗红格尔苏木)和集宁(今乌兰察布市察右前旗巴彦塔拉乡土城子)等地。按打堡子在元代建起城池和王府,初称新城,后改名静安,又改德宁(今包头市达茂旗敖伦苏木古城)。集宁、德宁、净州和砂井元代都升为路,各领一县,是赵王的直属领地,由他自选官吏治理。

时间回溯到唐会昌元年(公元 841 年),回鹘为黠戛斯所破,其一部南走,定居于阴山地区。故其贵族与高昌回鹘一样,以卜国可罕为始祖。唐末,此部同李克用率领的沙陀部关系密切,可能有部分沙陀人融合,因此又自诩为"晋王""沙陀雁门节度"(即李克用)的后裔,后臣属于辽。金灭辽,又臣属于金,在此期间,又吸收了一些从西域内迁的回鹘人、亡辽的契丹人以及邻近的汉人和西夏人。继回鹘之后,鞑靼部在漠北称雄,漠北诸部一概被称为鞑靼,汪古在唐、五代史书中也被认为是鞑靼"别部"。但汪古的基本成分是由操突厥语的各部人结合而成,容貌和习俗同蒙古人有明显差别,故辽、金时称他们为白鞑靼,以区别于蒙古语族的鞑靼或黑鞑靼。元朝将汪古列入色目人中。

12 世纪末,阴山净州以北的边墙金界壕建成,汪古部阿剌兀思剔吉忽里为金朝守边,称北平王。1203 年,成吉思汗灭克烈部,乃蛮太阳汗遣使约汪古一起对抗蒙古,阿剌兀思将太阳汗的意图报告成吉思汗,并发兵会合蒙古军同攻乃蛮。成吉思汗以阿剌兀思自动归附,乃任命他为五千户汪古人的首领,许嫁以女儿阿剌海别吉公主,并相约两家世代通婚,互称"安答"(anda,结拜兄弟)、"忽答"(quda,亲家)。

阿剌兀思长子不颜昔班、侄镇国，次子孛耀合相继袭位，称北平王，娶阿剌海别吉公主。孛耀合次子爱不花娶忽必烈女，至元间称为丞相，主汪古部事。爱不花长子阔里吉思继任，元成宗铁穆耳时，受封高唐王，娶成宗女，镇守西北边境，被笃哇军俘虏后遇害。其弟术忽难袭高唐王，又进封郇王、赵王。术忽难传位阔里吉思子术安，术安娶泰定帝姊。从此，汪古部主相继袭爵赵王。

汪古人和汪古领主的属民散布在阴山以南和中原广大地区。元代还有几个著名的汪古家族。净州马氏于金末迁开封，在金、元两朝世代任官，其中马祖常是元代著名的文学家。按竺迩出身阴山边塞，因出征甘陕四川等地有功，任征行大元帅。其孙赵世延，官至御史中丞，中书平章政事。巩昌另有一支汪氏，世袭巩昌等路便宜都总帅。

汪古人主要经营畜牧业。少数人会种田，元代出现了专业的"种田白达达户"。元朝在汪古部领地设置驿站，开辟了木邻（morin，蒙古语意为马）驿道，通往漠北；又设榷场、和籴所和官仓。集宁、德宁、净州和砂井等地，因处于交通要道，官民贸易发达，形成了一些城镇和村落。从各城镇的遗迹判断，当地已有烧制砖瓦、陶器和冶铸铜铁等手工业部门。汪古部处在不同文化的各民族之间，许多人通晓多种语言文字，文化水平较高，有人专以充当通译人为业。汪古人多信奉聂思脱里派基督教，取基督教名，墓石刻十字和叙利亚文铭文，专设管理诸路也里可温总管府治理。汪古部主也扶持佛寺，尊礼高僧，同时又崇尚儒家，集宁、净州、德宁城中都建有孔子庙，设有学校。

阔里吉思曾建万卷堂收藏经史。辽金年间，游牧于阴山长城一带的汪古部中部分贵族尚自称是沙陀后裔，奉晋王李克用为先祖，元朝建立之后一部分随克烈，乃蛮人西迁到中亚，后逐渐融入哈萨克族。元亡,末代赵王汪古图降明,不少汪古人迁至内地。现在的汪古部是哈萨克斯坦主要的部落之一,分布在哈萨克斯坦共和国东部。

茶马互市的故事

茶马互市主要指中国古代北部和西北部的少数民族以马匹等牲畜及畜产品与长城以内的汉族换取茶叶、布帛、铁器等生产、生活必需品。它是比较集中的大规模集市性的贸易活动。古代长城内外民族间较大规模的贸易往来,最早可追溯至西汉初年,对匈奴人开放"关市",继而又有榷场和茶马互市。

据记载"茶马互市"始于唐,盛行于两宋、明、清,长达千余年。茶马互市的由来是随着饮食文化的演进而出现的,中国是世界上种茶、饮茶最早的国家。从唐代起,饮茶风俗从内地逐渐传入草原畜牧业地区。后来随着时代的发展,饮茶之风逐渐由长城以内传至长城以外,继而茶叶已成为长城以外少数民族"日暮不可缺"的日常生活必需品。游牧民族"食肉饮酪,故贵茶"。然而,畜牧业地区是不产茶的,必须通过与内地通过商品交换来取得。游牧民族与长城以南的汉族进行贸易,只能以牲畜和畜产品来进行交换。其中,名列六畜之首的是马,在古代社会中,马既是农耕的主要畜力,又是狩猎、交通、骑射和作战的重要工具。由于马关系着当时国家的生产发展、军备强弱,必为封建王朝所渴求。历代统治者都曾经把易马、征马、养马作为国家的要政之一。茶与马产地各异,两相彼此需求,"故唐宋以来,行以茶易马法"其实质是中原王朝借助政权之力量,实行的一种赋税加贸易的"以马代赋"和"茶马互市"制度,是政治上控制、经济上剥削各族人民的一种手段,并且又可以取得战马的需求,于是"茶马互市"制度便顺应时代的要求而产生了。

茶马互市最早开设在公元731年,雄踞青海、西康、西藏地区的吐蕃王朝要求与唐划界互市,唐朝允许茶马互市在赤岭(今青海日月山)开市,从此茶马互市开始了。不过唐代的茶马贸易还是零星的、小规模的,没有引起统治阶级的重视。那时候,内地与少数民族之间的贸易主要还是"绢马互市",也就是丝绸与马匹的贸易。到了宋代,辽、金、夏三个经营畜牧业为主的少数民族政权长期和宋作战,威胁着长城以南宋王朝的安全。宋便加强了对茶马互市的控制。一方面,从茶叶等生活必需品输出上制约对方;另一方面,借以取得足够数量的马匹,以加强其军事实力。元代也曾"榷成都茶",并在大都(今北京)和甘肃的陇西设局专卖。但由于元朝在蒙古草原上有充足的战马来源,故对茶马互市不如前代重视。明代,茶马互市又空前繁荣起来,"东有马市,西有茶市"。明代马市的发展以隆庆和议为界,分为前后两大时期,前一时期是明蒙之间官办的"朝贡优赏贸易";后一时期马市性质发生变化,朝贡贸易发展为互市贸易,官市过渡到民市,在更大规模的贸易市场上,民间自相往来、互通有无占据了主导地位。公元1571年以后,长城沿线除辽东原有马市外,九边各镇又开11处马市。这些都是每年只开一次的"大市",属定期定额的贸易往来。明代还依前代遗制,逐步加强了"茶法"和"马政",制定了一套严密的茶马互市制度,政府经常派"茶马御史"到各茶马司巡视,以达到封建国家对茶马贸易的垄断。清代初期,茶马互市沿袭明制。清统一全国后,以往由官方指定的互市形式逐渐被空前广泛的民间自由贸易所取代。

茶马互市在历史上对内地与边疆、长城内外、汉族与少数民族、农业区与牧业区的经济交流和发展,一直起着积极的重要作用,它客观上又起着增进民族和睦,维护社会安定,有利于国家统一的作用。

鸡鹿塞的故事

鸡鹿塞是汉代北方著名的军事交通要塞,在我国古籍和诗文中屡有记载,而且它的方位与《水经注》中所记相符。《汉书·匈奴传下》记载:"汉遣长乐卫尉高昌侯董忠,车骑都尉韩昌,将骑万六千,又发边郡士马以千数,送单于出朔方鸡鹿塞。"

清朝赵翼《己卯元日早朝》诗:"鸡鹿塞俱编属国,麒麟阁已画功臣。"亦省作"鸡鹿""鸡塞"。《文选·班固〈封燕然山铭〉》:"遂凌高阙,下鸡鹿。"李善注引《后汉书》:"窦宪与南匈奴万骑出朔方鸡鹿塞。"唐李商隐《寄太原卢司空三十韵》:"鸡塞谁生事?狼烟不暂停。"南唐李璟《浣溪沙》词:"细雨梦回鸡塞远,小楼吹彻玉笙寒。"

1963年,北京大学历史地理学家侯仁之教授与俞伟超先生实地考察后,确认了汉代鸡鹿塞的位置。实地勘察表明:

鸡鹿塞石城为正方形,全部用石块修砌,每边长68.5米(外宽)。残墙高一般在7米左右,最高处残存约8米。城四角各有加固工事。城门南向,门内有石砌磴道直达城上。门外有类似后代瓮城形式的建筑,为同样石块修砌,其门东向。现在石城虽有部分倾圮,但整个形制,大体尚属完好。城内有汉代绳纹瓦及绳纹砖的残块分布。此外还有一些灰陶残片,与窳浑城废墟中所见者相同,也都是汉代遗物。

根据《汉书·地理志》所提供的线索,以及上述实地考察中的发现,可以确定哈隆格乃山口,是汉代的鸡鹿塞所在。考古专家从唯一的南门进入城内,沿着石砌磴道爬上城墙,举目四望,北面崇山峻岭,巍峨壮观;山前空旷坦荡,平川倾斜。而石城以东,谷口开阔,了无遮拦,过往车马行人,一览无遗,极易扼守。石城东墙最为险要,它紧傍高台阶地边缘修筑。这阶地自谷底耸起,壁立如墙,高达 18 米,加上 7 米高的石墙,总计高达 25 米,如无特殊设备,则绝难攀登。城墙顶部宽约 3.7 米,墙基厚约 5.3 米。城墙四角分别向外突出 2 米多,状似角楼平台。如在此设伏,可监视和阻击自城下向上偷袭之敌。筑城材料尽为天然片石,石缝间以泥土塞垫,城墙外表全砌整齐。但因长年风雨剥蚀,如今墙顶多处坍塌。城内乱石间,可见汉代砖瓦碎块。

汉武帝元狩年间,大将霍去病北征出击匈奴,即由北地郡,经银川平原,沿黄河北行,出鸡鹿塞直达居延,取得了军事上的很大胜利。但是史书上也留下了许多与汉匈和平往来的记载。汉宣帝甘露三年(公元前 51 年),匈奴呼韩邪单于首次入朝长安,汉宣帝令沿途七郡列骑二千欢迎单于抵长安,单于受到宣帝殊礼相待。当其由长安返回漠北,就是由鸡鹿塞穿越阴山北上的。汉王朝不但派兵护送,"又转边谷米糒前后三万四千斛,给赡其食"。自此,出现了"朔方无复兵之踪六十余年","数世不见烟火之警,人民炽盛,牛马布野"的繁荣和平景象。

西汉竟宁元年(公元前 33 年),单于复入朝,元帝以后宫良家女王昭君赐单于。昭君偕单于出塞,就是从鸡鹿塞经由哈隆格乃峡谷前往漠北的。

五原郡塞的故事

五原郡有文字记载可以追溯到秦汉时期。公元前 221 年秦始皇统一六国后,分天下为三十六郡,在北方设立九原郡,汉武帝元朔初年(公元前127年),更名九原郡为五原郡,郡治所在地位于今包头市九原区麻池古城。据《汉书》记载,公元前102年汉武帝派遣光禄勋徐自为出五原塞外,近处几百里,远到千里以外,兴筑起长城,还重新修筑并利用了阴山南麓的赵北长城,并筑有城、障、列亭。秦王朝还修筑了秦直道,秦直道起点在咸阳甘泉宫,终点在九原麻池古城,是中国历史上第一条"高速路"。

汉王朝在阴山北部修筑了两条平行的汉外长城,完善了赵北长城、秦长城,并修筑了密集的烽燧亭障,在长城沿线修筑了重要的边塞关城,如光禄城、朔方城、鸡禄塞、五原塞等等。自汉筑五原塞以后,终两汉之世,汉匈间诸多重大事件均与五原塞相关联。五原塞成为两汉朝廷接纳南、北匈奴使节和归降者的重要边塞。史书记载有关五原塞的历史事件有:公元前52年冬,即甘露二年十二月,匈奴呼韩邪单于叩五原塞,愿奉国珍,于甘露三年正月行朝礼。这是史书记载,历史故事的梗概为:公元前52年冬,呼韩邪单于率领5万骑叩五原塞,表示呼韩邪单于期望亲自到长安朝见天子,此请获得汉廷同意。公元前51年春,呼韩邪单于前往长安。汉遣车骑都尉韩昌为专使,前往五原塞迎接呼韩邪单于入京。沿途的五原、朔方、西河、上郡、北地等郡都派出200骑兵列队作为呼韩邪的护卫仪仗以示尊宏。

公元48年春,即东汉光武帝建武二十四年春,匈奴王比遣使,款五原塞,求千御北虏。历史故事的梗概为:公元48年春,南匈奴王比派使者到五原塞,上书刘秀请求内附,声称"愿水为蕃藏,捍御北虏"。刘秀采纳五官中郎将耿国的建议,同意南匈奴通好的请求,确定了扶持南匈奴,抗击北匈奴的基本策略。比立即决定攻打北匈奴作为自己的投名状,从此匈奴正式分为南北二部。

公元 89 年六月,东汉章帝建初八年,"北奴三木楼曾大人稽留斯等,率三万八千人,马二万匹,牛羊十余万,款五原塞降"。历史故事的梗概是:公元 83 年北匈奴再度发生分裂,三木楼部落在大人稽留斯等率领下到五原塞降汉,一次便带来三万八千人,马二万匹、牛羊十余万。这次规模仅次于当年南单于比率部分裂匈奴帝国的程度,给北单于带来的影响很大。所以,北单于便于第二年派使者请求再度互市以表示与汉亲善。

历史上的五原塞是重要的边疆塞城与重大历史事件的见证者,其具体位置应当在包头、巴彦淖尔市北部的阴山地区,单独的五原塞这一座塞城,也许并不存在,五原塞应当是一条建于阴山地区的长城防线和列城障塞,它们可能共同形成为汉之五原塞。

阴山山脉的故事

阴山山脉位于内蒙古自治区中部至河北省最北部,呈东西走向,包括狼山、乌拉山、色尔腾山、大青山等。山顶海拔 400～2000 米。阴山山脉在呼和浩特以西的西段地势高峻,脉络分明,海拔 1800～2000 米,最高峰呼和巴什格山,海拔 2364 米。阴山山脉是中国北部东西向山脉和重要地理分界线,地理坐标为东经 106°～116°,北界大致在北纬 42°,与内蒙古高原相连,南北宽 50～100 公里。

阴山山脉西端以低山没入阿拉善高原,东端止于多伦以西的滦河上游谷地,长约 1000 公里,南界在河套平原北侧的大断层崖和大同、阳高、张家口盆地。

阴山的蒙古语名为"达兰喀喇",意思为"70 个黑山头"。阴山山脉是古老的断块山,山峰林立、气势雄伟。阴山山脉自古以来就是农耕区与游牧区的天然分界线,还是中国季风与非季风区的北界,属温带半干旱与干旱气候的过渡带。西部的狼山尤为干旱,大青山较为湿润。山坡低处为草地,中部有栎、榆、桦等树种。阴坡在海拔2000米处有矮曲林。

在阴山山脉中,山与山之间有流水侵蚀形成的宽谷,自古以来为南北交通要道,山脉主体由太古代变质岩系和时代不一的花岗岩构成,低山和丘陵间盆地内有白垩纪、第三系和现代沉积。盆地间的岭脊低而宽,相对高度300～500米,有些盆地中心集水成湖,较大者有岱海、黄旗海、安固里淖、察淖等。

阴山地区古代人类活动的历史非常悠久,是内地汉族与北方游牧民族交往的重要场所。山脉间宽谷多为南北交往的通途。例如位于呼和浩特西北的阴山白道,北魏时曾设立白道城。阴山地区的名胜古迹有战国赵长城、高阙鸡鹿塞、昭君墓(青冢)、百灵庙等。

阴山山脉战略地位十分重要,由于南坡陡峭,许多隘口就成为内蒙古高原越过阴山通往中原的重要通道。位于狼山的古代军事重镇高阙塞,就是因阴山山脉的西段狼山与乌拉山之间中断,形成一个缺口,"望若门阙"而得名。门阙宽100～200米,纵深长约30公里,两侧断崖峭壁。战国时期,越国打败林胡、楼烦后,公元前300年赵武灵王筑赵北界长城,东起于代(今河北宣化境内),经大青山、乌拉山、狼山南麓至高阙。秦始皇万里长城即是将秦、赵、燕北长城连接加固,增筑而成。汉长城在此段基本沿袭了秦始皇长城,加筑塞外受降城、光禄塞列城和武帝外长城。南北朝时期,公元423年北魏明元帝沿阴山山脉南麓东自赤城(今河北赤城),西至五原(今内蒙古五原县)筑长城。

南北朝时期有《敕勒歌》描绘了阴山山脉壮美的风光："敕勒川，阴山下，天似苍穹，笼盖四野。天苍苍，野茫茫，风吹草低见牛羊。"唐代有王昌龄的"但使龙城飞将在，不教胡马度阴山"等名句。公元5世纪时，阴山岩画被地理学家郦道元所发现，在《水经注》中作了记述。这些记载是世界上对阴山岩画最早的记录。

作者简介：王大方（1957 — ）男，汉族，曾任内蒙古文物局副局长，国家文物保护规划专家组成员，内蒙古文物学会副会长。主要参与内蒙古长城保护规划编制编纂《内蒙古自治区文物志》，科普类图书《草原访古》等。出版专著《走进元上都》、《草原金石录》（与张文芳合著）。

长城·人物

纪念翦伯赞先生考察
内蒙古包头市赵北古长城六十周年

王大方

1961 年夏天,应内蒙古自治区主席乌兰夫同志的邀请,北京大学副校长、北大历史学系教授兼系主任翦伯赞先生,率领中央民族历史研究工作指导委员会代表团一行十余人考察访问内蒙古自治区。考察团中的重要成员有国家文物局局长王冶秋先生,著名历史学家范文澜先生、吕振羽先生等 。

这次访问历时近两月(从 1961 年 7 月 23 日到 9 月 14 日),行程达近 8000 公里。先生用最简单的话概括访问的收获,那就是"见所未见、闻所未闻"。

1961 年 12 月 13 日,《人民日报》全文发表了翦伯赞先生撰写的《内蒙访古》。正是这篇文化散文让先生成为中国知名度甚高的历史学者。之所以说它是散文,因为随处可见文学性极强的表达,如"秋天的阴山,像一座青铜的屏风安放在它们的北边,从阴山高处拖下来的深绿色的山坡,安闲地躺在黄河岸上,沐着阳光",而一路信手引用的典故、文献、考古报告和考据文字,又让文章充满着学术智慧。《内蒙访古》也为宣传内蒙古的历史文化、壮美风光与淳朴民风做出积极贡献。其中最为精彩的一节"一段最古老的长城",被教育部选入全国普通高中语文读本教材。50 多年来,全国各地受业的历届中学生读者人数众多,难以统计 。

蔺伯赞先生在《内蒙访古》开篇指出:内蒙古,对于历史学家来说,是一个富有诱惑力的地方,因为这里在悠久的历史时期中,一直是游牧民族生活和活动的历史舞台,而这些游牧民族的历史活动又是中国史的一个重要组成部分;有些活动,在世界史上也不能没有它们的篇章。然而这个历史学宝库,直到现在,还没有完全打开,至少没有引起史学家足够的注意。

据《史记·匈奴传》所载,赵国北部的长城东起于代(今河北宣化境内),中间经过山西北部,西北折入阴山,由呼和浩特、包头至高阙(今乌拉山与狼山之间的缺口)为止。现在有一段古长城遗址,断续绵亘于大青山、乌拉山、狼山靠南边的山顶上,东西长达 130 余公里,按其出土文物来考察,这段古长城正是赵长城遗址。

蔺伯赞先生说,我们这次访问包头,曾经登临包头市西北的大青山,游览这里的一段赵长城。这段长城高处达 5 米左右,土筑,夯筑的层次还很清楚。东西纵观,都看不到终级,在东边的城址上,隐然可以看到一个古代废垒,指示出那里在当时是一个险要地方。

根据蔺伯赞先生在包头考察赵长城时的记录,经自治区文物部门考察确认:蔺伯赞先生在包头市西北的大青山考察的这一段赵长城 ,就是位于包头市西北区的赵北古长城遗址。这段长城全长约 60 公里,处在阴山腹地,蜿蜒曲折,气象壮观.。

1961 年 7 月 29 日,蔺伯赞先生为内蒙古长城题赠了"万里长城遮不断,蒙汉人民是一家"的墨宝,体现了先生对于中华民族共同体意识的高度认识。

蔺伯赞先生在内蒙古包头考察长城后,又作有《登大青山访赵长

城遗址》七律诗:"骑射胡服捍北疆,英雄不愧武灵王。邯郸歌舞终消
歇,河曲风光旧莽苍。望断云中无鹊起,飞来天外有鹰扬。两千几百
年前事,只剩蓬蒿伴土墙。"这首七律访古诗,雄浑古朴、感情深厚,运
用典故赞颂赵武灵王与长城古迹,堪称对赵武灵王与赵北古长城的
最好纪念 。

近年来,内蒙古自治区包头市石拐区政府文物部门投资,对石拐
区赵北古长城遗址进行了妥善的保护维修,并且立碑保护,建有赵武
灵王"胡服骑射雕像",以供游人凭吊纪念。

位于包头市石拐区的赵北古长城(王大方 摄)

翦伯赞先生作为一位维吾尔族的历史学家 ,他对中华文化具有
高度的认同感,他的名著《中国史纲要》很重视宣传中华古代各民族
团结的历史。中华民族一家亲、中华民族团结友好的观点一直贯穿
在先生的思想深处。

在《内蒙访古》中翦伯赞先生饱含深情地写道:在大青山脚下,只
有一个古迹是永远不会废弃的,那就是被称为青冢的昭君墓。因为
在内蒙古人民的心中,王昭君已经不是一个人物,而是一个象征,一

个民族友好的象征;昭君墓也不是一个坟墓,而是一座民族友好的历史纪念塔。

先生接着指出:据内蒙古的同志说,除青冢外,在大青山南麓还有十几个昭君墓。我们就看到了两个昭君墓,另一个在包头市的黄河南岸。王昭君究竟埋葬在哪里,这件事并不重要,重要的是为什么会出现这样多的昭君墓。显然,这些昭君墓的出现,反映了内蒙古的人民对王昭君这个人物有好感,他们都希望王昭君埋葬在自己的家乡。

在中华民族共同体形成的历史上,凡是为祖国统一和民族团结而做出过贡献的人,中华各族人民是世代都不会忘记她的。随着祖国各民族交往的进程,在中华大地上,各民族的政治、经济、文化交流更加密切。今天,全国已经有更多的人知道昭君出塞、胡汉和亲的历史,这段象征着民族团结友好的历史,已被全国人民传为佳话。

毛主席、周总理很重视翦伯赞先生的史学观点。他们曾经多次会见翦伯赞先生,深入交流历史学术问题。对此,我们应当予以深入探究、学习领会。

翦伯赞先生回到北京后,在国家民族历史研究工作指导委员会的会议上,又专门畅谈了此次内蒙古之行的收获,分享了众多有价值的史料和古迹勘察成果,提出应该纠正一些历史论述中沿袭的不正确说法,进一步端正对北方草原地区和民族史的研究方向。这在学术界引起了很大的反响,并且影响深远。

其他来过内蒙古的专家们回京之后,感慨良多,文化影响一直持续了很长时间。从《叶圣陶日记》来看,叶老在回京后一直到当年年底,即多次参加各个方面组织的座谈会,畅谈了访问内蒙古的观感,也接待了多家媒体前来约稿、访谈，宣传了内蒙古的建设成就。在1962年前后的小半年里，在北京的知识界、文化界乃至全国掀起了一场颇为可观的"内蒙古热"。老舍先生的访问记《草原》《林海》也被教育部选入全国中小学语文课本。两位先生的文章又被内蒙古人民出版社收入散文集《远域新天》发表。

1962年初，摄影家郑景康与古建筑专家梁思成先生，在北京民族文化宫携手举办了"内蒙古纪游摄影展"，该展览展出了郑梁二人此次访问过程中的摄影精选作品共88幅，展示了内蒙古的牧场、文物古建筑、蒙古包、草原风光和社会主义建设事业的真实风貌，观者如潮，在京引起轰动。

从1961年算起到今天，翦伯赞先生考察包头市赵北古长城的往事，已经过去整整60年了。2021年，是翦伯赞先生考察内蒙古六十周年，笔者谨以此文纪念尊敬的先生。同时，我们要对这次"内蒙访古"之旅所产生的深远意义进行发掘整理，学习和继承前辈学者的精神，为加强民族团结，促进各族人民的交往交流交融，为铸牢中华民族共同体意识而努力奋斗。

注释：

1. 翦伯赞（1898—1968年 ）

中国著名历史学家、社会活动家，马克思主义史学家，中国马克思主义历史科学的重要奠基人之一，杰出的教育家。湖南桃源人，维吾尔族。中华人民共和国成立后，翦伯赞先生历任中央民族事务委员会委员、北京大学历史学系教授兼系主任、副校长，中央民族学院教授，中国科学院哲学社会科学部委员，第一届全国政协委员，第一、

二、三届全国人民代表大会代表等职。先生在"文化大革命"中遭受迫害,于1968年12月18日含冤去世。党的十一届三中全会后,得以平反昭雪。

2. 赵武灵王

赵雍(公元前340年—公元前295年),嬴姓赵氏。赵国第六位国君,政治家、军事家、改革家,赵肃侯赵语的儿子,生于赵肃侯十年(公元前340年),卒于赵惠文王四年(公元前295年)。

赵雍在位的时候,军事上推行"胡服骑射"军制政策,不断推动赵国军力使其日益强盛,后来灭中山国,击退林胡、楼烦二部,开辟云中、雁门、代郡三郡,还修筑了"赵北古长城"。

赵惠文王四年(公元前295年),赵武灵王遭遇沙丘之乱,被幽禁沙丘宫而死。死后大臣追谥"武灵",后人尊称赵武灵王,从他奠定赵国强盛之后赵国君主正式称王。赵武灵王是中国历史上一位很有作为的古代国王。梁启超先生认为他是黄帝以后的第一伟人,1903年发表《黄帝以后的第一伟人——赵武灵王传》。

1961年夏,翦伯赞先生在内蒙古包头市石拐区大青山上考察赵长城时,作有《登大青山访赵长城遗址》七律诗。诗云:"骑射胡服捍北疆,英雄不愧武灵王。邯郸歌舞终消歇,河曲风光旧莽苍。望断云中无鹊起,飞来天外有鹰扬。两千几百年前事,只剩蓬蒿伴土墙。"

3. 赵武灵王胡服骑射

详见北宋司马光《资治通鉴》卷三。赵武灵王为赵肃侯之子赵雍,周显王四十四年(前325)即位。

赵武灵王十九年(公元前307年),赵雍下令开展"胡服骑射"变革。胡服为古代北方游牧民族的服装,特点是窄袖短装,皮靴皮带,头戴羽冠。胡骑一人一马，且骑且射，上下便捷，比起赵国笨重的战车与长袍宽袖的服装要先进许多。

"胡服骑射"的起因在于赵国和中山国的宿怨。此前，赵国的战车部队和以骑兵为主力的中山国打仗交手，每每总是战败。为了雪耻，赵国开始"胡服骑射"改革。用赵武灵王自己的话说："我们赵国，东有齐国和中山国，北有燕国和东胡部落，西有楼烦部落和秦国及韩国的边界。但我们的部队，仍使用传统武器，装备笨重，一旦敌人发动攻击，我们如何防御得住？我之所以改变服装，更新战备，只不过为了准备四境应变，报中山国之仇。各位大人却坚决维持固有传统，忘了过去的惨败，真是大出我的意料。"大贵族、赵武灵王的叔叔赵成听了这番话后，慨然接受改革。第二天，赵成带头穿胡服上朝。于是，赵雍下令全国弃长袍宽袖，改着胡服；赵国部队也淘汰战车，改习骑马射箭。

当时，赵国与林胡、楼烦、东胡、义渠、中山等游牧民族诸侯国均接壤，老百姓中有大量的胡人和胡人后裔，北方游牧文化在赵国也是根深蒂固的。由于赵国的游牧文化占上风，赵武灵王适应客观情况，大力提倡胡化是符合当时实际的。

赵武灵王十九年（公元前307年）正式颁布法令，赵国实行"胡服骑射"改革，以能任官，大批出身有戎狄背景的人得到重用。赵武灵王主动打破华夏贵、戎狄卑的传统观念，这种勇气在中原各国中是十分罕见的。"胡服骑射"改革后，赵武灵王本人也学习胡语、住帐篷，开始喜欢草原生活。赵国的军事将领主要是从骑兵中产生，赵国的百姓都希望自己的家里能够出一个骑兵，最好是一个骑兵将领。于是，赵国人练兵养马蔚然成风。

赵武灵王的"胡服骑射"改革对赵国的经济结构造成了很大的影

响,使之更趋近于游牧经济。对游牧经济、骑兵生活熟悉的大量胡人精英通过选拔,进入到赵国的军政领导层,改变了赵国的权力结构。北方文化的升扬,稳固了其在赵国的主导地位。胡人吃苦耐劳、重义尚武的精神,对赵国人的心理也产生了巨大的影响。

4. 赵武灵王修建长城

赵国南部的长城修建早于北部的长城。为赵武灵王的父亲赵肃侯所建。该长城由河北省漳水、滏水的堤防连接而成,大体从今武安西南起,向东南延伸至磁县西南,折而东北行,沿漳水到肥乡西南,被称为"赵南长城"。

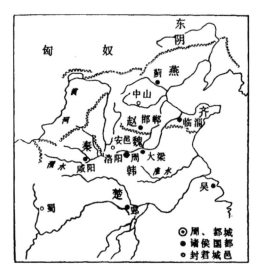

战国时期诸侯列国长城示意图

赵武灵王三年(公元前 323 年),赵国开始向中山国进攻,为了加强防御,在靠近中山国边境的鄗(今河北柏乡北)筑长城,依旧属于"赵南长城"的一部分。赵武灵王二十六年(公元前 300 年),赵国实行"胡服骑射"以后实力增强,赵武灵王继续攻击中山国,夺取了林胡和楼烦之地,建立了雁门郡(今山西北部神池、五寨、宁武以北至内蒙古中部地区)和云中郡(今内蒙古大青山以南、黄河以南,长城以北之间),迫使林胡和楼烦向北迁移。赵武灵王派人沿着阴山修建了两道长城,以阻止林胡和楼烦的南下。第一道在今内蒙古乌加河、狼山一带,第二道在今内蒙古乌拉特前旗、包头、呼和浩特至河北省张北地区一线。史称"赵北长城"或"赵北古长城"。

作者简介:王大方(1957 —)男,汉族,曾任内蒙古文物局副局长,国家文物保护规划专家组成员,内蒙古文物学会副会长。主要参与内蒙古长城保护规划编制编纂《内蒙古自治区文物志》,科普类图书《草原访古》等。出版专著有《走进元上都》《草原金石录》(与张文芳合著)。

附：

一段最古的长城

翦伯赞

火车走出居庸关，经过了一段崎岖的山路以后，自然便在我们面前敞开了一个广阔的原野，一个用望远镜都看不到边际的原野，这就是古之所谓塞外。

从居庸关到呼和浩特大约一千多里的路程，火车都在这个广阔的高原上奔驰。我们都想从铁道两旁看到一些塞外风光、黄沙白草之类，然而这一带既无黄沙，亦无白草，只有肥沃的田野，栽种着各种各样的庄稼：小麦、荞麦、谷子、高粱、山药、甜菜等。如果不是有些地方为了畜牧的需要而留下了一些草原，简直要怀疑火车把我们带到了河北平原。

过了集宁，就隐隐望见了一条从东北向西南伸展的山脉，这就是古代的阴山，现在的大青山。大青山是一条并不很高但很宽阔的山脉，这条山脉像一道墙壁把集宁以西的内蒙古分成两边。值得注意的是山的南北自然条件迥乎不同。山的北边是暴露在寒冷的北风之中的起伏不大的波状高原。据《汉书·匈奴传》载，这一带在古代就是一个"少草木，多大沙"的地方。山的南边，则是在阴山屏障之下的一个狭长的平原。

现在的大青山树木不多，但据《汉书·匈奴传》载，这里在汉代却是一个"草木茂盛，多禽兽"的地方，古代的匈奴人曾经把这个地方当作自己的苑囿。一直到蒙古人来到阴山的时候，这里的自然条件还没有什么改变。关于这一点,从呼和浩特和包头这两个蒙古语的地名可以得到说明。呼和浩特,蒙古语意思是青色的城;包头也是蒙古语的音译,意思是有鹿的地方。这两个蒙古语的地名,很清楚地告诉了我们,直到 13 世纪或者更晚的时候,这里还是一个有森林、有草原、有鹿群出没的地方。

呼和浩特和包头这两个城市,正是建筑在大青山南麓的沃野之中。秋天的阴山,像一座青铜的屏风安放在它们的北边,从阴山高处拖下来的深绿色的山坡,安闲地躺在黄河岸上,沐着阳光。这是多么平静的一个原野。但这个平静的原野在民族关系紧张的历史时期,却经常是一个风浪最大的地方。

愈是古远的时代,人类的活动愈受自然条件的限制。特别是那些还没有定住下来的骑马的游牧民族,更要依赖自然的恩赐,他们要自然供给他们丰富的水草。阴山南麓的沃野,正是内蒙西部水草最肥美的地方。正因如此,任何游牧民族只要进入内蒙古西部,就必须占据这个沃野。

阴山以南的沃野不仅是游牧民族的苑囿,也是他们进入中原地区的跳板。只要占领了这个沃野,他们就可以强渡黄河,进入汾河或黄河河谷。如果他们失去了这个沃野,就失去了生存的依据,史载"匈奴失阴山之后,过之未尝不哭也",就是这个原因。在另一方面,汉族如果要排除从西北方面袭来的游牧民族的威胁,也必须守住阴山的峪口,否则这些骑马的民族就会越过鄂尔多斯沙漠,进入汉族居住区的心脏地带。早在战国时,大青山南麓,沿黄河北岸的一片原野,这是赵国和胡人争夺的焦点。在争夺战中,赵武灵王击败了胡人,占领了这个平原,并且在他北边的国境线上筑起了一条长城,堵住了胡人进入这个平原的道路。据《史记·匈奴传》所载,赵国的长城东起于代(今河北宣化境内),中间经过山西北部,西北折入阴山,至高阙(今乌拉山与狼山之间的缺口)为止。现在有一段古长城遗址,断续绵亘于大青山、乌拉山、狼山靠南边的山顶上,东西长达260余里,按其部位来说,这段古长城正是赵长城遗址。

我们这次访问包头,曾经登临包头市西北的大青山,游览这里的一段赵长城。这段长城高处达5米左右,土筑,夯筑的层次还很清楚。东西纵观,都看不到终极,在东边的城址上,隐然可以看到有一个古代废垒,指示出那里在当时是一个险要地方。

我在游览赵长城时,作了一首诗,称颂赵武灵王,并且送了他一个英雄的称号。赵武灵王是无愧于英雄的称号的。大家都知道,秦始皇以全国的人力物力仅仅连接原有的秦燕赵的长城并加以增补,就引起了民怨沸腾。不知什么时候起,在秦始皇面前就站着一个孟姜女,控诉这条举世闻名的万里长城。甚至在解放以后,还有人把万里长城作为"炮弹"攻击秦始皇。而赵武灵王以小小的赵国,在当时的物质和技术条件下,竟能完成这样一个巨大的国防工程而没有挨骂,不能不令人惊叹。

当然,我说赵武灵王是一个英雄,不仅仅是因为他筑了一条长城,更重要的是因为他敢于发布"胡服骑射"的命令。要知道,他在当时发布这个命令,实质上就是与最顽固的传统习惯和保守思想宣战。

只要读一读《战国策·赵策》就知道,当赵武灵王发布了"胡服骑射"的命令以后,他立即遭遇到来自赵国贵族官僚方面的普遍反抗。赵武灵王击败了那些顽固分子的反抗,终于使他们脱下了那套用以标志他们身份的祖传的宽大的衣服,并且把过了时的笨重的战车扔到历史的垃圾堆里去。敢于这样做的人，难道不是一个英雄吗？可以肯定说是一个英雄，一个大大的英雄。

（节选自《内蒙访古》，原载于 1961 年 12 月 13 日《人民日报》）

最好的纪念就是继续前行

——高晓梅《情系长城》回忆录读后感

翟禹

高旺先生一生的经历值得我们年青一代认真学习,值得我们仔细品味。从高晓梅老师编著的《情系长城》一书中,我们能够体会到作为一位父亲对女儿的深深的影响。

从那样艰苦的环境中,高旺先生仍坚持学习、创作,从事科学考察和学术研究,从而做出了那么多的贡献,这是我们身为专业工作者在许多方面都难以比拟的。

我没有经历过那么多磨难,也没有经历过那种缺衣少吃的岁月,对于高旺先生和晓梅老师父女所经历的那些生活、工作以及来自生存环境中的恶劣和艰难困苦,只能借助于想象和设身处地的感受来体会。

我从 2007 年开始从事长城调查与研究工作,在这期间也经历了自以为"很艰难""很困苦"的各种时刻,也在梳理学术史的时候,阅读并参考了高旺先生的诸多长城著作。可是,当我读完《情系长城》一书之后,我立即觉得自己在工作中遇到困难时的那种"难过""不开心"以及觉得自己遇到了"天大的坎"是多么的幼稚可笑!

我在想,我们这些坐在宽敞明亮的办公室中,喝着茶水,用着先进的科研设备,拿着国家课题经费开展科研工作的人,真应该经常出来,去实地调查,体验一下高旺先生所经历的人和事,走一走高旺先生走过的路,看一看高旺先生考察和研究过的长城。我们真应该多一些积极、乐观、迎难而上的勇气和精神,少一些慵懒、抱怨和斤斤计较以及那实在没必要的患得患失的心态。

人的一生不能仅仅满足于吃喝穿戴,还有更高尚、更值得追求的理想。高旺先生出生在那么贫穷,甚至连基本的生计都难以为继的环境中,却还是坚持自己的理想,坚持不懈地为之奋斗、拼搏,排除万难,迎难而上。我非常有感触的一句话就是,高晓梅老师所说:"自懂事之后我从未看见父亲发愁为难,他总是笑嘻嘻的,他认定的事,总要克服一切困难,想尽各种办法完成。"的确如此,我想在今天的社会环境中,要想做一件大事,没有经费,没有平台,没有各种人脉资源等等如此多的条件,几乎是不可能实现的。但是,在二十多年前的那个时代,高旺先生以顽强的毅力、不懈的追求和如火的热情,在"三无"甚至是许多条件都不具备的情况下,完成了那么多事业,做出了那么多贡献,尤其是在长城考察、研究,召开长城会议,创办长城研究机构和长城研究杂志,出版并发表大量长城论著等方面,真的做出了在今天连一个专业科研机构以团队合作的形式可能都难以完成的一系列创举,实在是令人敬佩!

上述这些所举高旺先生的品质和功绩,在其女儿高晓梅老师身上均有着深深的体现。我是2016年下半年与晓梅老师相识的。当时,我的老领导、内蒙古社会科学院副院长宝力格先生退休以后成立了中国长城学会内蒙古长城研究会分会,并准备召开内蒙古首届长城学术研讨会。晓梅老师来社科院历史所与当时任历史所所长的刘蒙林老师请教相关问题,刘老师向晓梅老师推荐了我,说我一直从事长城调查和研究工作,可以参加长城论坛,后来我便与晓梅老师取得了联系,并顺利参加了首届长城论坛。会后,宝院长和晓梅老师要编辑出版长城论文集,邀请我与他们一起来做这件事,我很乐意为自己钟爱的长城事业做点事,便答应了。

起初,论文集中的论文分量不够,我便联系了一些熟识的从事长城研究的朋友,约了一些长城研究方面的学术论文,并利用冬天寒假期间,把论文集的内容全部按照通行的学术规范进行了编排整理。在编辑的过程中,为了保证文集的质量,同时也为了更好、更准确地表达每一篇文章作者的观点,我与所有的作者都进行了不少于两次以上的沟通,反复修改、校对,最终完成了长城论坛论文集第一辑的编撰工作,完成宝院长和晓梅老师交给我的第一份工作任务。后来,晓梅老师请我署名为论文集的副主编,这使我很意外,没想到做了一点点工作,会得到如此高的认可。因为我作为一名年轻的科研工作者,觉得能够参与其中,并有所收获就已经很知足了。所以,我至今是非常感谢宝院长和晓梅老师的。

其实,自2007年我参加内蒙古文物考古研究所组织的全国长城资源调查工作以来,就开始了解并阅读高旺先生的一系列著作——《内蒙古长城史话》《博览长城风采》《长城访古万里行》……后来我还购买了《中国历代长城诗大全》(上册),下册当时没有买到,还是晓梅老师后来赠予了我一本,因为在市面上已经很难寻觅了。那个时候,高旺先生的著作就是我们从事长城调查、研究的入门书,也是开展田野工作的重要索引工具书之一。我后来发表的很多长城论文,都是在高旺先生调查、研究的基础上继续深入下去,并有所创获的。可以说,我虽未能遇见高旺先生,但先生的成果帮助了我的成长和进步。而我与晓梅老师的交往时间虽然不长,但也从中学到了很多。首先,锻炼了我编纂、整理文集的综合能力。其次,通过内蒙古长城研究会,我有幸结识了诸多优秀的长城专家,与山西、内蒙古、河北、北京、陕西、宁夏等许多地方的学者建立了密切的联系,我们经常有许多来往,并频繁的交流,也得到了许多有关长城的最新资讯。再次更要感谢宝院长、晓梅老师,把我聘为内蒙古长城研究会的副秘书长,并让我参与学会论坛论文集的工作,这既是我的老领导宝院长对我工作的认可,也是我能够进一步成长、锻炼的好机会。

作为一名年轻的长城研究科研工作者,我十余年来一直受惠于高旺、高晓梅父女两代人,我觉得是一件非常幸运的事,也是一件很有缘分的事。我对清水河也充满了深厚的感情,清水河的长城,我去的次数最多,调查的最详细,清水河沿线的村落已不知走过了多少个,至今我能够如数家珍地讲出这些村落的名字、位置和特征,还能够认出当年在村中结识的老乡和好朋友。

2020 年 10 月 25 日,作者拍摄于呼和浩特市托克托县黑城村(镇虏卫古城)

高旺先生的精神鼓励着我,影响着我,使得我能够始终以饱满的热情和活力,迎难而上,继续着长城研究这份事业,因为这份事业是值得用一生去努力坚持、不懈奋斗的。最近,我们刚刚成功地在清水河县召开了内蒙古自治区第三届长城研讨会暨清水河县第三届明长城研讨会,长城的学术活动正在如火如荼地进行着，高旺先生用尽生命去维系和努力的长城事业，在今天正在大踏步地向前发展着，而我们作为后来者，唯一能够做的就是沿着先生的路继续前行！

作者简介：翟禹（1984— ），男，满族，系内蒙古社会科学院历史研究所副研究员、历史学博士，内蒙古长城研究会副秘书长，主要从事蒙古史、长城研究、民族与边疆问题、草原文化遗产保护等研究。

一旦遇见 便是永远

杨建林

我和长城结缘,是十几年前的事了。

2007 年,我还在内蒙古大学张久和老师门下读硕士研究生。临近暑假,听到消息说有一个长城资源调查项目需要几名学生一块儿做。当时并不知道这个项目的全称叫"全国长城资源调查",项目实施单位是自治区文物考古研究所,"总教头"是现在的考古所副所长张文平老师(当时是考古所二研室主任)。对于少有田野实习机会的历史专业学生来说,"走长城"这样看似高大上的活动,无疑具有极大吸引力,便约了同舍志强、多军诸君,积极报了名,然后又去磨导师以便得到老师的同意。张老师也很支持,只是看着瘦弱的我不放心,说:"去野外感受一下也好,就是很辛苦,你要注意身体。"着急去野外的我,很自然、很没良心地忽略了这句话,只记住了导师说的:行! 现在回想起老师的叮嘱,心头还是有些小温暖的。

报名之后,便是分组,我被分到了鄂尔多斯调查队。几天之后,接到一个自称甄自明的来电,叫我收拾好东西,某某日来火车站,和他一块儿下工地,还特意要我带上长袖衣服。多亏他的提醒,暑假结束后,我只是手和胳膊判若非洲人与欧洲人的肤色,而不是一条胳膊,上半截如欧洲人的肤色,下半截如非洲人的肤色。甄自明,现在是鄂尔多斯市博物馆副馆长,我应该叫甄老师,他是我接触文博行业的第一个领路人。当时,他是鄂尔多斯长城资源调查队的队长,很年轻,是内蒙古几位长城资源调查队队长中最年轻的一位,我们都叫他甄队。那天下午,我和甄队从呼市登上西去的列车,夜半时分,到了银川,和等候在车站的调查队其他成员接上头,驱车赶往驻地——鄂尔多斯市鄂托克前旗上海庙镇特布德嘎查牧民老马家。

其时,甄队的这支调查队已经在这里工作好多天了,队员有文博系统的张旭梅、高平、马俊、李祥勇、刘伟以及测绘院的郭如宝兄,负责调查鄂托克前旗蒙宁交界处的一段明长城。我到了之后,按例进行了培训,熟悉了相关工作流程和方法后正式加入调查队。田野工作,要跟着太阳动,日出而作,日入而息。我们也不例外,白天顶着太阳搞调查,夜晚就着灯光整资料,要说不辛苦,那是骗人的。去年,在微信群看到甄队写的一篇回忆文章,已将那段时间的艰辛历历述尽,我不再赘言。当然,我们不会连轴转,也有闲暇时间。这个时候,除了玩考古人的标配节目——倒烧酒(鄂托克前旗方言)之外,也会打打牌、下下棋。房东老马极喜欢与我们打牌,至今还记得,他一手将扑克牌牢牢捂在胸前,一手指着上家不住地问:"你要吗?!你要吗?!你要吗?!"

在甄队的队伍里待了大概二十多天,调查任务结束,我也即将开学,便返回了学校。2008年四五月份,我又和内蒙古明长城资源调查队的各位老师在集宁路工作站集中整理了一段时间资料。暑假,和乌兰察布市博物馆李恩瑞老师调查过锡林郭勒盟与河北交界处的烽火台;和甄队二次住进老马家,对鄂托克前旗明长城做了补充调查。

因为有鄂托克前旗的这段实习经历,我开始关注明代宁夏镇的(鄂托克前旗明长城在明代归宁夏镇管辖)边防建设史,最后以《明代宁夏镇防御体系述略》为题完成了硕士毕业论文,答辩中也受到了评委老师的好评。数年之后,文平老师主持编撰《内蒙古自治区长城资源调查报告·鄂尔多斯－乌海卷》,让我负责撰写明长城部分,还特意看了我的毕业论文,觉着有些价值,指导修改之后,放在了这一卷的调查报告中。

2009年7月,我硕士毕业,经文平老师推荐,来到包头市文物研究院(当时叫包头市文物管理处)实习,年底通过事业单位考试正式入职,一直工作到现在。我来单位的时候,包头也正在进行长城资源调查,单位领导张海斌老师便让我继续跟着做长城资源调查。其时,包头的长城资源调查队正在土右旗调查战国赵北长城,领队是苗润华老师,队员有魏长虹(吉林大学应届硕士研究生)、荀雄(山西大学应届本科生)等人。长虹后来成了我的同事,荀雄参军之后与我们失去了联系。苗老师是一位老文博人,有着极为丰富的田野工作经验和良好的职业素质,严谨细致,一丝不苟。当时,我们三人刚入职场,正是奠定职业习惯的关键时期,苗老师本着为单位培养后备业务骨干的目的,对我们要求极严。有一个小片段,令我记忆深刻。这一年的7月份,我们循着阴山南麓的战国赵北长城,调查到了梅力更沟口。根据我们的经验,赵北长城在穿过沟口的时候,一般会溯着河谷向上游折一段,找到相对狭窄、稳定的河床过河。在梅力更沟口,我和长虹(荀雄抽调参加单位其他的考古发掘项目)仔细寻找了长城遗迹,只找到了河床东岸一段隐约可见的土墙,没有发现通常所见的跨河的石墙,便以为这一段墙体已完全淹没在了历史长河中,于是过河继续向西寻去。当时苗老师要把随行车辆挪到下一个接济点,未和我们同行,电话向我们询问了梅力更沟口的情况,我们说没有发现石墙。他说不可能,这么大的沟口,防守必定严密,怎么可能留不下丁点痕迹。他提了几个需要注意的地方，要我们返回来重找。于是我们返回去又仔细找了一遍，还是一无所获，便继续西去。大概走了有 2 公里左右，再次接到苗老师的电话，要我们重新返回去。说实话，当时真的有些不爽，我们已经找过两遍了，还来回折腾什么呀。当我们第三次来到梅力更沟口时，苗老师正站在河边，一脸严肃地看着我们走到他身边，指着脚下的几块石头说："你俩仔细看看，这是什么？"我们扒开茸草，认真看了好一会儿，才发现这几块平铺的石头排列齐整，明显是经人工垒砌，且和河床西岸残存的长城墙体相对，肯定也是赵北长城的孑遗无疑。

就这样，在苗老师的严厉要求下，我们于 2009 年 8 月份调查完了包头境内的战国赵北长城，10 月份调查完了固阳秦长城，12 月份调查完了达茂旗的汉外长城南线。第二年、第三年又调查了达茂旗的汉外长城北线、金界壕、两道北魏长城以及固阳、石拐等地的汉代当路塞。至此，我们用两片脚丫子一步步丈量完了包头境内的所有长城，算一算，总行程在 700 公里以上。苗老师和长虹还补充调查了相邻武川县、四子王旗的一些长城段落。

因为有长城资源调查工作经历，张海斌老师逐渐将一些与长城相关的工作交给我做。2015 年我配合拍摄了《包头长城》《阴山烽烟》两部包头长城方面的宣传片；2016 年主持布置了固阳天盛城内蒙古自治区长城工作站内的"塞上烽烟——阴山长城历史文化陈列"；同年，与包头市政府法制办合作起草了《包头市长城保护条例》初稿，第二年该条例通过自治区人大审核，发布实施。正是因为有了前几年的长城资源调查经历，使我对包头长城有了一个比较深入的了解，工作起来得心应手，才能比较好地完成这些任务。

2017年,我被抽选到新成立的自治区长城保护工作中心调训,中心的赵少英主任和索秀芬副主任对我极为信任,经常将一些业务工作交给我做,带领我们对全区长城保护工作进行了大调研,使我对全区的长城资源概况及保护工作有了比较全面的认识,在以后的长城相关工作中能够以更宽广的眼光看问题。在中心调训的将近一年的时间里,工作相对单纯,又因两地分居,逃脱了每天的娃哭妻吼、油盐酱醋,有比较宽裕的时间来读书学习,一些明长城方面的困惑,大多于那时找到了头绪。

2010年7月,作者在包头市东河区沙尔沁山前调查沙尔沁长城时拍摄。

2010年,我还接到了一个比较艰巨的任务,文平老师要我撰写内蒙古明长城资源调查报告,也就是把内蒙古5支明长城资源调查队的专项报告汇总起来,再补头续尾,形成一个完整的报告。这听上去似乎比较简单,再加上当时牛犊初生,无所畏惧,我便一口应承。等真正上手之后,才知道自己揽了多么大的一个"火车头"。且不说5个专项报告每一个都在十数万字以上(翟禹汇总的呼和浩特市队的报告竟有 40 多万字),单就各个报告的风格而论,有的磅礴大气、洋洋洒洒,有的委婉简约、惜墨如金,把它们捋成同一张面孔,着实费了我不少脑细胞。眼看着约好的交稿日期一推再推,心里还真有些焦急,幸好文平老师也不催促,每次都说"不着急,慢慢来!",才使我以一种平稳的心态码完了这堵文字高墙。写报告,最难的应该是概述与总结,它要求你对被调查对象的前世今生有一个较为全面的了解,且需进行深入分析,提出见解。好在 5 个专项报告里面都有相关内容,文平老师又亲力亲为,详加指导,才使我勉勉强强完成了这两部分内容。2013 年,《内蒙古自治区长城资源调查报告·明长城卷》出版面世,后来还得了自治区哲学社会科学政府奖三等奖。

今天回头来看,这部报告存在着不少缺陷。一是数据不完整,二是认识不准确。数据不完整是因为当时进行长城资源调查时,蒙晋、蒙宁交界处的一部分长城段落划归相邻省区调查,我们的报告中没有这部分数据,没有建立起内蒙古完整的明长城数据体系。认识不准确,我这个负责统稿的人有着不可推卸的责任,眼见、学识确实有限,对内蒙古明长城的认识还很肤浅,造成了一些错误,特别是对内蒙古中南部明长城大边的认识,错误有些触目惊心。文平老师也注意到了这个问题,在后来编撰的《内蒙古自治区长城资源调查报告·鄂尔多斯—乌海卷》《内蒙古自治区长城资源调查报告·阿拉善卷》中,要求我和胡春柏补充了这两地的明长城资源数据,改正了错误。又专门拨出经费,嘱咐翟禹和我专攻内蒙古中南部明长城,争取搞清楚。自此开始,我把关注明长城的目光从内蒙古西南部的鄂尔多斯、乌海、阿拉善转移到了内蒙古中南部的乌兰察布和呼和浩特。经过不断翻检史籍,终于对内蒙古中南部明长城有了新认识,便在

2018年申请了自治区社科规划项目"内蒙古中南部明长城大边补充调查与研究"。通过该项目,补充调查了全国长城资源调查中漏查的内蒙古中南部明长城大边沿线的一些墩台,发现了大边伸向山西内地所属卫所的接火墩,基本弄清了大边、蒙晋交界处二边、大同新荣区三边的历史。翟禹申请了国家社会科学基金西部项目"明蒙关系视野下的宣大山西三镇长城防御体系研究",着眼更为宽广,相信会取得更大的研究成果。随着相关研究的不断深入,相邻山西省、河北省明长城资源调查报告的陆续出版,补充完善内蒙古中南部明长城基础数据,纠正《内蒙古自治区长城资源调查报告·明长城卷》中相关错误,指日可待。

在基层文博单位,因客观条件所限,不会让你把大把时间只用在做一件事情上,你必须成为一个多面手,刀枪剑戟斧钺钩叉,都得能拿起来轮两下。这些年来,我虽然在不同岗位、不同环境做了很多不同内容的工作,但长城一直是心头割舍不去的牵挂。如果把职业比作人生的另一个伴侣,长城既是我的初恋,也将是与我偕老的爱妻。

作者简介:杨建林(1982—),男,汉族,系内蒙古包头市文物研究院副研究馆员、历史学硕士,内蒙古考古学会理事、包头市人大常委会立法咨询顾问,主要从事明长城及内蒙古西部地区历史考古研究。

我与文博的不解缘分

——回忆参加内蒙古明长城资源调查工作

杨国华

岁月流逝,斗转星移,一切都在经意或不经意间悄然改变,但参与全国长城资源内蒙古明代长城呼和浩特段调查那段记忆从未消失,每每看到有关长城的讯息,就会勾起许多回忆。很多次想拿起笔写点什么,却又不知从何写起。

一、循着记忆的回忆

2006 年国家文物局启动了"长城保护工程",力求摸清长城家底,从而进一步完善相关政策法规,进一步加强对长城的整体保护,并决定于 2007—2010 年全面开展系统的长城资源调查工作。2007—2008年,内蒙古自治区率先开展了明长城的调查工作,成立了领导小组和调查项目办公室。内蒙古大学历史与旅游文化学院也组织了几十名本科生、研究生积极参与调查工作。我到现在还清晰地记得在内蒙古大学北校区主楼前举行的参与长城资源调查项目启动仪式,当时担任项目组长的内蒙古文物考古研究所所长塔拉老师作了动员讲话,历史与旅游文化学院还给我们参加的队员配发了统一的白色 T恤衫,当时真的是异常激动、激情澎湃,大家都是准备去干一番轰轰烈烈的大事情的架势。那时内蒙古大学还没有考古和博物馆专业,所以不能像其他高校的考古博物馆专业的同学那样去考古工地实习是作为必修课要完成的。因此，这次能够跟着有着丰富考古经验的老师们赴一线参与考古田野调查工作，真的是一次特别难得的体验。于我而言更是特殊的经历，因为在这之前我已经在内蒙古博物馆参加实习工作，初步接触了一些文物和展览工作，所以对于考古有着更深的期待，也许那时就为我日后执着的坚持文博工作埋下了种子。

那次明长城调查工作分成乌兰察布、呼和浩特、鄂尔多斯、乌海、阿拉善五个调查队，内蒙古大学参与调查的学生也被分在了不同的队里，当时我被分在了乌海队。我记得应该是 6 月份，其他同学先后跟随工作队奔赴调查一线，而我因在内蒙古博物馆实习，参与为庆祝自治区成立 60 周年筹备的新馆展陈工作，所以没能第一时间到达调查一线。7 月份博物馆布展结束，展览开幕，在张彤老师的鼓励下，我又给内蒙古长城资源调查组副组长兼总领队张文平老师打电话，表达我还是很想参加考察工作的强烈意愿，张老师很爽快地答应了，并安排我到就近的呼和浩特调查队。我心中的那份遗憾被弥补了，心心念念的考古一线实践可以成行了。

给张老师打完电话后的一个下午，内蒙古文物考古研究所的冯吉祥给我打电话，说他回呼和浩特市办事返回考察地，可以带我一起回去。我怀着激动的心情开始收拾行李，女生的爱美心驱使我还带了几件漂亮的裙子。大包小裹的我们迎着夕阳、坐着班车向我期待的长城考察一线出发，那份激动今天想来依然兴奋，但又很茫然，不知道去了应该做什么，做不好怎么办？一切都是未知数……

呼和浩特长城资源调查队的队长是内蒙古文物考古研究所的王仁旺老师，队员有考古所的李威、冯吉祥，还有和林格尔文管所的霍强胜老师，赤峰博物馆的刘志博、郭勇，呼和浩特市的齐伟，剩下就是内蒙古大学的学生,有历史系的翟禹、景丽萍、国海占,中文系的张鑫,新闻班的黎男。呼和浩特队调查的范围是乌兰察布市、呼和浩特市境内的内蒙古自治区与山西交界处的明代长城遗存。当时根据内蒙古文物局与山西省文物局的调查工作协定,以山西省左云县和右玉县为分界点,以西至黄河东岸部分归内蒙古自治区调查,调查的范围包括长城主体及长城主体两侧山西和内蒙古境内的附属设施和相关遗存。这次长城调查有着相关标准规范,调查与测绘同步,调查包括时代、地理坐标、建筑形式、结构、走向、长度、保存状况与病害记录等,此外还有自然与人文环境、保护与管理状况等。我们每天出野外时要做好相关资料记录及照片拍摄、GPS定位,晚上回来后或者雨天就在驻地整理资料,填写调查日志。在队长王仁旺老师还有其他文博同志的带领和指点下,我逐渐熟悉了这些工作流程,并有很多新的发现和思考。

2007 年 8 月拍摄于清水河县明长城

后排左一张鑫,二冯吉祥,三齐伟;中间左一霍强盛,二国海占,三王仁旺,四翟禹;前排左一黎男,二景丽萍,三杨国华。

原本不知写什么，可动了笔又收不住，我只参加了 40 多天的考察，但却有特别多的感想和记忆，有对考古工作者在艰苦条件下开展工作的亲身感受，也有对队员们互相帮助结下深厚情谊的感动，还有对当地百姓热情淳朴的了解，更有对对长城文化的感触及对文博工作的思考和执着追求。

二、考古工作是一份"苦差事"，但苦中也有甜

呼和浩特明长城考察队员与徒步走长城的父子合影（拍摄于 2007 年 8 月）

课堂上我的老师们告诉我们学历史要坐得了冷板凳，经历了这次考察，我明白考古工作更是一份"苦差事"。要想在考古工作中做出成绩，需要吃得了苦还要耐得住寂寞。我去参加考察时，我们的工作队驻扎在山西右玉县杨家河村的一个学校宿舍里，我们到达的时候已近傍晚，王仁旺老师带着几位队员在整理资料，还有几位队员没有回来。霍老师在跟村里请的做饭大婶一起在做晚饭。晚饭时王老师给我介绍了各位队员，并给我做了工作安排。我们睡在学校的宿舍里，但第二天一早就要搬家去下一个驻地。我参加考察的 40 多天我们搬了三次家，算下来学校这个驻地是条件最好的。

我们的交通工具是呼和浩特市文管所齐伟开的那辆绿色吉普车,那时候乡村的路上没有查超载的,每次车里都挤满了人,一趟拉不下,就再去第二趟。赶上搬家,车顶上还装着我们五颜六色的行李箱。一辆里里外外都满载的吉普车在乡村公路上闪过,也是一道独特的风景线。

山西的村村通水泥路还不错,但长城多数都在山上或者庄稼地里,所以车到不了长城墙体处,每天车只能把我们送到没有路的地方,之后我们就背着中午的口粮、记录本、设备等向长城徒步走去。野外的路真的很不好走,有一次车在黄土坡上差点翻下来,好在小齐车技很好,有惊无险。每天跋涉在庄稼地里,一开始害怕虫子、蛇,后来习惯了,随地而坐,累了可能还会依着城墙躺一会儿。

明长城军堡内的民居

山西右玉一带以面食为主,蔬菜种类也相对较少,早晨房东会给我们做豆面、面条等,这些食物很好吃,但是容易饿。那时真的体会了什么叫"五里的豆面",有时刚走到长城脚下就饿了。早晨我们会背上中午的粮食——一般都是馒头、咸菜。每天中午吃饭时也没有条件消毒,基本就是手拿馒头,吃一口咸菜再吃一口馒头,但却感觉很香啊,那时我们几个女生每人也要带两三个馒头的。说了这么多苦,其实工作中还是有很多美好的记忆。

雨天,我们不出工地,就在驻地写日志,有围着方桌盘腿坐在炕上的,也有坐在东家沙发上、木凳上的,我们一边整理出工地时的记录,一边向考古所的老师们请教,认真填写调查日志,也是在那时才真正知道了什么是敌台、马面、烽火台、瓮城、女墙、城堡、夯土层等等,对于考古工作有了基础的了解,还听老师们讲述了很多考古过程中的趣事。

我们队长对大家还是特别照顾的,大概是我去后时间到一半的时候,队长带我们去了一趟老平鲁城,吃了一顿大餐,点了牛肉,吃到了很久没有吃过的香甜米饭,还喝了啤酒,大家开心地聊天,至今回味起那顿大餐感觉真的是苦日子里的美味啊!

最兴奋的事情是在考察的时候能发现新的遗物、遗迹,每发现一个保存较好的烽火台、瓮城、军堡都会特别的激动。我们住在败虎堡时,偶然在老乡家发现了墙上垒着的小石狮子,便去很多老乡家搜罗,于是又发现了辽代经幢、清代建庙的功德碑,还利用休息日发掘了村西的庙碑。

三、我们的友谊要比长城长

因为这次长城考察而结缘了很多朋友。从队长到考古单位的老师,还有我们从内蒙古大学来的学生,大家一起工作、生活,学习专业,畅谈社会、人生,并互相帮助,结下了深厚的友谊。考察结束后大家奔赴各行各业,但我们一直保持联络,那段经历是我们人生的重要经历,也是我们建立友谊的基石。

记忆中特别清晰的是我们考察队的队长王仁旺老师,他性格温和,说话总是眯着眼睛笑着,还特别照顾我们这些学生,给我们讲述专业知识的同时,也尽量合理调配我们的出工时间,让我们有休息的时候。考察结束后这些年,我还能经常在家附近遇到王老师在锻炼身体,每次都要聊一会,王老师也很关心我在业务方面的发展。遗憾的是前年王老师溘然离世,甚为哀痛,他是我一生都不能忘怀的老师!队里的霍老师是另一位年长者,霍老师性格开朗,厨艺也好,出工地之余也会给我们做两道拿手菜,大家小酌一杯,畅所欲言。

我们内蒙古大学的几个师兄弟、姐妹因这次考察结下的友谊更加深厚。当时,大家互相帮助,出野外时男同学总是多背仪器设备,回来后还帮我们女同学去村里井上提水。乡村的夜晚很寂静,没有电视看,也没有 4G 手机,我跟两个小师妹住一个房间,三人一起聊天,有时是流行的影视作品,有时是深刻的人生话题,偶尔也会探讨专业的问题。因为那段在一起的生活,我们成了很好的朋友,至今还保持联系。景丽萍现在已经是赤峰市重点中学珍珠班的班主任,在育人的道路上绽放光彩。多年来,翟禹师弟在学业上对我帮助颇多,我们两家人都是好朋友,常来常往。我们这些朋友都是因长城结缘,因此我相信,我们的友谊比长城还要长!

四、长城内外是一家

夏秋季节,长城内外植被覆盖很好,放眼放去一片翠绿。茂密的庄稼地里各种庄稼争相生长,黄色的荞麦花、紫色的莜麦花、沉甸甸的谷穗,构成了一道道独特的风景线,充满生机活力,默默地给予人们生活的力量。多少年来生活在长城内外的人们,并没有因长城的阻断有什么不同,反而因长城这条纽带有了更多共同的生活习俗与凝聚力。

我们考察时一直住在长城之内山西境内的老乡家中,他们的居住、饮食习惯、语言习俗与长城之外我们内蒙古的清水河、和林格尔等地几乎无异,让我们心理上有了更多的亲近感。我在呼和浩特新城区脑包村见到了很多跟山西文化相近的清代以来的民俗文物。长城内外不同的文明在共同存在的过程中相互冲突、相互影响、相互交流、相互融合,长城也从隔离带变成了文化交流与融合的桥梁纽带。2018年9月,山西博物院与内蒙古博物院、甘肃省博物馆、辽宁省博物馆联合举办了《碰撞·融合——长城文化展》,就很好地诠释了长城文化带中农耕与游牧两大文明的碰撞与融合。

我们考察中第二站住在村支书家里。每天回来家里的老奶奶都在削土豆皮,院里晾晒山上摘回来的、呼和浩特市地区也有的调味品——扎蒙花,女主人大婶尽可能给我们变换着花样做面食吃,他家的叔叔很热情,闲下来时也会跟我们聊天。他家二女儿在和林格尔县城第一中学读书,我们回来的第二年他的女儿考到了内蒙古师范大学。

考察中第三站住在败虎堡村,这个村住着一家海姓回族人,家里父母跟儿子还有四川的媳妇一起居住。他们很热情好客,请我们去家里吃了羊肉饸饹面,我们给他们的小孙子用普查的相机照了很多照片,答应他们再去时给带过去,遗憾的是后来没能再去。

我们考察时还碰到了一对徒步走长城的父子,父子俩每人背着一个行李包,孩子只有9岁,他们已经连续几年在暑假时徒步考察长城了。我们的队员还把自带的午餐分给他们吃。父子俩的考察充满了艰辛,还要常常忍饥挨饿、风餐露宿,但这个过程中让孩子了解了长城的历史,记录了长城的现状,感受了长城周边的风土人情,使"爱我长城、保护长城"的想法在孩子心理扎根。现在想来,2007 年那个 9 岁的孩子今年已经 20 多岁了,希望这个孩子能够在当年那样艰苦的训练基础上,成长为一名坚强有力的青年,为社会做出更多贡献。

五、路漫漫其修远兮

四十多天的长城考察结束后我就回到了内蒙古博物馆继续工作,因为工作的原因,我很遗憾没能继续参加后来的长城考察、数据整理和报告编写等工作。但那段考察经历一直激励着和影响着我,让我时刻保持一种积极向上的状态,努力、踏实、认真、执着地在文博工作中不断前行。

作者简介:杨国华(1982—　),女,蒙古族,系内蒙古博物院副研究馆员,硕士研究生,主要从事北方民族历史文化、文物研究、展览内容策划等工作。

穿越历史的长城

潮洛檬

在我出生的地方有一条很长很长的界壕,它横跨河流,在群山上起伏蜿蜒,东西贯穿,看不到两头,经长年累月的水浸风蚀,沟堑多被埋塞,这里的人称之为边堡(也称金代边堡)。边堡由堤墙和堑壕两部分组成。堑壕宽约 9 米,在堤墙之北,有浅弧槽。堤墙底宽约 8 米,残高 3.5 米至 1 米。山岗处修筑较低矮,山口处似有沟壕小堡。平坦处修筑的墙堡较高大,每隔百米筑有一座马面,形制大小相同,非常醒目,均突出于堤墙北面约 5 米处,不少马面顶上还布有石块。在边堡的南侧约 500 米处,有若干小城址,由此称为边堡。边堡最早修筑于金世宗大定至章宗明昌年间(1161−1196 年),又称"明昌新城"。边堡北面有庆云山,辽圣宗、兴宗、道宗三陵即葬于此山南麓。

在边堡的南部十公里处有个三面环山的白塔,远近闻名。塔身稳重庞大,气势宏伟,集历史、科学、建筑、艺术为一体,成为万古不朽、世代永存的历史文化遗产,它见证着这片土地的繁荣昌盛与峥嵘岁月。它叫释迦佛舍利塔,坐落于辽庆州故城内,俗称庆州白塔。庆州是辽代三代皇帝的奉陵邑,建成前是辽代皇帝经常游猎之所。白塔东去三里有水草肥美的赛罕乌拉(罕山)山,山上有天池。辽时称赤山、黑山、太保山等。

我在 2015 年被自治区组织部派驻通辽市扎鲁特旗推进"四个全面"督导组工作,工作期间经过乌兰哈达苏木时,清晰地看见了草原

位于巴林右旗的释迦佛舍利塔（辽庆州白塔）　新巴雅尔拍摄于 2021 年 5 月

上迤逦而行的金界壕。扎鲁特旗境内的金界壕长 110 公里,由科右中旗的坤都冷进入扎鲁特旗境内,沿乌布昆都郭勒河北岸向西南方向延伸,经乌兰哈达、巴雅尔图胡硕,至格日朝鲁苏木比其格图哈达岩画景区,伸入阿鲁科尔沁旗境内。界壕和边堡遗址清晰可见。边堡废墟内散落大量的遗物碎块,有灰陶片、粗白瓷、绿釉鸡腿坛片、铁铧、铁犁、铁簇、铁甲片、铁刀、铁车、铁车辖、石磨盘、方砖、简瓦等。

　　我在扎鲁特旗格日朝鲁苏木下乡时远远便看见并行的金界壕,于是开车过去,被网围栏拦住,下车把围栏门打开没走多久就有骑着摩托车的人跟过来,我告知来意后,他告诉我网围栏内是他的草场,他还是金界壕的义务保护员。我问他对金界壕了解多少,他说只知道是古时候留下的遗址,大家都叫和日木(蒙古语"bor herem",意为"墙"),具体啥时候建的不清楚,只是流传着一个故事:

从前有个国王有两个儿子,平时大儿子好吃懒做,二儿子勤奋好学,两个儿子都想继承王位,于是国王想了一个办法,让两个儿子挖壕沟,谁先挖完就由谁继承王位。国王的儿子们得知父亲让他们比试,都来了兴趣。国王选了一个晴朗的日子,让他们从东海挖到西海,两人一开始很是兴奋,但是越挖越慢,挖到一半大儿子觉得既无聊又没意义就放弃了。二儿子一直坚持挖到了西海,最终当上了国王。

位于扎鲁特旗格日朝鲁苏木的金界壕　作者拍摄于 2016 年 6 月

我问他和日木有多长?他说很长很长,能到很远很远的地方。他讲述了一个小时候玩伴的故事。这个玩伴叫阿古拉,在他很小的时候母亲生病去世了,继母经常打骂他。有一天他想起母亲说的"沿着和日木一直往东走就能到你外婆家",实在受不了继母打骂的阿古拉带上行囊离家出走。他沿着和日木徒步走了两个多月到了外婆家。

金界壕历史悠久，却隐而不显，它贯穿内蒙古的东部和中部，以独特的北国风光之貌展现在苍茫原野之上，好似一条巨龙，足以与秦、汉和明长城相媲美。800多年来，经历了风霜雨雪、兵刀水火的磨练，迤逦于广阔原野，见证着历史沧桑。

2017年我有幸到内蒙古长城保护工作中心工作后，有更多的机会接触长城，也能够真正地亲近它、了解它。我到过呼和浩特黄河边巍巍雄姿的明长城，去过巴彦淖尔戈壁滩雄关万里的汉长城，见过阿拉善沙漠中气势恢宏的明长城，感受了呼伦贝尔原野绵延起伏的金长城，攀登过长城两边沧桑的孤城绝塞。

作者在巴彦淖尔市乌拉特中旗秦长城　拍摄于 2018 年 6 月

内蒙古自治区境内经调查的长城总长度达 7570 公里，占全国长城总长度的三分之一。历经战国赵、战国燕、战国秦、秦、西汉、东汉、北魏、北宋、西夏、金、明等各个历史时期，分布于内蒙古自治区 12 个盟市、76 个旗县（市、区），形成了祖国北方独具特色的长城文化。

长城万里，横亘千年。"望长城内外，惟余莽莽；大河上下，顿失滔滔。"（毛泽东《沁园春·雪》）长城不仅是简单的古建筑，更是一种力量、一种精神。因此，弘扬其文化、传承其品质，是我们义不容辞的责任。就像千余名长城保护员，用自己的行动捍卫着一种文化、一种精神；像"马背文物（长城）保护队"①、"驼峰（长城）文物保护队"②用自己的方式守护着一份遗产、一段历史。

驼峰（长城）文物保护队（李小伟 拍摄）

作者简介：潮洛檬（1982—   ），女，蒙古族，系内蒙古自治区长城保护工作中心馆员、保护管理科副科长，内蒙古文物学会理事，主要从事长城保护、文化遗产保护研究等工作。

———————————

① "马背文物（长城）保护队"：全称锡林郭勒盟马背文物（长城）保护队，2011 年成立。是一支具有一定基础条件、责任心强、素质较高、有文物保护意识的农牧民自愿加入的志愿服务性质的基层文物保护队伍。

② "驼峰（长城）文物保护队"：2015 年，阿拉善盟阿左旗文物管理局成立了驼峰文物保护队，这是一支由农牧民组成的基层文物保护队伍。

我是长城守护人

王晓峰

我研究生就读于日本都留文科大学（公立）文学研究科比较文化专业，导师是日本学界著名的南京大屠杀史研究专家笠原十九司教授。他严谨的致学精神和多角度分析方法对我启迪良多。作为助手，我参与调查研究，收集整理资料，2004年作为会议翻译参加了在东京举行的第六次中、日、韩历史共通副教材《东亚三国的近现代史》（社会科学文献出版社）编辑会议。我还获得大学学会助成金采访了田家镇惨案、上井村三光政策、德兴奎村日军大扫荡等战争受害者。读书期间被当地政府聘为"山梨县国际交流亲善大使"，有机会参与了很多地方文化交流。

研究生毕业后我在日本大阪和上海的企业分别工作过一段时间，靠自己的语言特长和不断积累的工作经验从翻译做到了管理，享受人才政策落户上海，工作可以说忙忙碌碌顺风顺水。然而有一份亲情却总是难以割舍，那就是年迈的父母。他们的心思全在我们子女身上，而我却总是因为"正在忙"草草挂断他们的来电，逢年过节陪他们吃顿团圆饭也经常爽约。每当夜深人静内心都会隐隐作痛，多希望有一天游子能回到故乡。

正赶上凉城县招考研究生免试，就这样我来到了凉城县文物保护管理所，成为了一名基层文物工作者，开始一步步接触、熟悉凉城的文物世界，才发现家乡凉城的底蕴如此深厚，故事非凡动人。璀璨的远古文明镶嵌在岱海岸边,民族交融的大戏上演了几千年。文管所的工作忙碌而充实,巡查文物遗址,探寻文物遗迹,整理制作文物档案,申报文物保护项目,每天游走于文物与历史交织的浩瀚海洋,我感觉找到了人生的坐标。我积极参加各种培训,向老专家学习,作为"三区人才"在乌兰察布市博物馆锻炼的一年是我成长最快的一年。全国第一次可移动文物普查中,全程参加了前期调查、数据采集、录入以及审核工作。几年的锻炼,使我获到了不少经验,业务水平也得到了很大的提升,我已然是凉城县文物保护管理所的骨干力量。

中、日、韩历史共通副教材《东亚三国的近现代史》编辑会议合影

二排左一为笠原十九司;左五为近代史研究所原所长步平;后排右三为中国抗日战争纪念馆馆长李宗远;三排右二为本文作者。

(拍摄时间:2004 年 5 月 地点:日本东京 参会人员拍摄互赠)

　　凉城县是文物大县,有全市最多的文物遗址和 170 多公里长城(明长城大边、二边、二边支线、汉长城及其附属设施)。凉城是中原大地与草原文化的交融地,贯穿凉城的长城就像一条条纽带牵扯起历史的脉搏,不断诉说着绮丽蜿蜒的融合故事。长城是中华民族足以傲世的宝贵遗产,是"中华民族的象征",长城在凉城的文物保护工作中是重中之重。凉城境内的长城基本都是黄土夯筑,虽然历经风雨仍然昂首屹立,但风雨虫鸟的侵蚀已经使得长城本体千疮百孔。我们在巡查中总会发现渐进的损坏迹象,再加上附近村民文物保护意识淡薄,容易对长城进行无意识的破坏,让我们深感长城保护刻不容缓、责任重大。大家都在惋惜没有保护好北京的四合院、苏州的老房子,现在我们必须保护好我们的长城,让她不再凋零破败。

凉城县明长城大边东沟敌台

(拍摄时间:2018 年 1 月 拍摄地点:凉城县六苏木镇 拍摄人:王晓峰)

明长城二边十二沟段

（拍摄时间：2020 年 6 月 拍摄地点：凉城县六苏木镇 拍摄人：王晓峰）

面对长城，我们自然地成为了长城守护人，巡查长城、宣传文物保护法律法规，申报长城保护项目，不断推进、完善长城保护"四有"工作等等，使命和责任让我们行进在保护长城的路上。长城保护任重道远，必须从一点一滴做起。长城的好多点段都是汽车无法靠近的，这就得靠步走，眼看不远的一个山头，想走过去却需翻好几道沟，非常耗费体力。后来我们发现爬到山顶高处沿着最高处走，会比直线下沟再翻山要省劲不少，另外下山走路时脚腕要用力绷紧，不然很容易崴脚。保护长城还要不断和各种影响损害长城的行为作斗争。2018 年 10 月，明长城大边干草忽洞段发生长城破坏事件，我们在发生不到一周内就发现并进行了处理，这也对周围群众进行了很好的警示宣传作用。2019 年 5 月，明长城二边三墩湾段发生建设控制地带边缘盗挖沙子现象，我们多次围追堵截，终于截获盗采的相关人员和车辆。

巡查凉城县蛮汉镇秦汉长城

（拍摄时间：2016 年 9 月 拍摄地点：凉城县蛮汉镇中沟村 拍摄人：方红明）

巡查明长城二边

（拍摄时间：2019 年 7 月 拍摄地点：凉城县曹碾满族乡 拍摄人：方红明）

在长城保护工作中我们也屡有收获。如 2016 年 8 月，在凉城县六苏木镇庙沟村西发现未在长城资源调查中著录的长城支线 4 公里以上；2020 年 5 月，在明长城二边巡查中发现有"胡官砖"字样的明墙砖一块。这些都需要我们继续收集资料进行进一步研究。眺眼望去群山怀抱、蜿蜒伸展，长城还有很多故事等待我们去解读。每次我们向着长城登上山峰，总能收获最美的风景。半掩的跑马道、残缺的女

儿墙,诉说着多少壮烈故事啊! 那时便仿佛又听到"千金募战士,万里筑长城。何时青冢月,却照汉家营?"的故事

巡查新发现的长城

(拍摄时间:2016 年 8 月 拍摄地点:凉城县六苏木镇庙沟村 拍摄人:方红明)

巡查长城时发现的明官砖

(拍摄时间:2020 年 11 月 拍摄地点:凉城县 拍摄人:王晓峰)

长城保护正在路上,一点也不能疏忽,今年汛期的文物安全大排查中对长城重点区段发现的一些隐患临时采取了顶护措施。当然有效保护还是要不断推进长城保护工程,明长城次边 F1-F5 烽火台保

护工程在积极推进中,明长城大边二甲地1号烽火台保护项目也已经获批。借着国家长城、大运河、长征国家文化公园建设和黄河流域生态保护和高总质量发展的契机,凉城县正在申报长城文化公园,期待长城保护和利用能有机结合,相得益彰。随着科技的发展和社会的进步,长城一定能得到更好的保护,我们也只有不断适应新时代文物保护要求,不断提高自己,不断挖掘长城故事,让长城恢复生机"活"起来,我们才是幸运的,凉城才是骄傲的。

人生没有彩排,有限的生命做有意义的事情,每当巡查长城翻山越岭,总有登顶珠峰勇士般的自豪,风景这边独好,我是长城守护人。"美不自美,因人而彰",希望有我们的参与,城墙上的野花每年都灿烂芬芳。

作者简介:王晓峰(1975—),男,汉族,系乌兰察布市凉城县文物保护管理所馆员、留日比较文化专业硕士,从事基层文物保护管理和长城、地域文化遗产保护研究等工作。

固阳秦长城的"金牌讲解员"

杨锐

固阳秦长城是秦始皇统一六国之后为了抵御北方匈人的南侵，派大将蒙恬率 30 万众所修。该道长城遗址横穿固阳县全境，墙体总长 95.6 千米，沿线布设 173 座烽燧和五座障城，是一个完备的古代军事防御体系。

2004 年，上级文物部门为了进一步加大对固阳秦长城的保护与利用工作，对康图沟段的石筑长城墙体进行了保护性修缮工程。因工作需要，包头市文物管理处（现更名为包头市文物研究院）给固阳县文物管理所配发了一辆微型客货车，落和平应聘为司机，在文物管理所干起了临时工。从此，落和平开始与固阳秦长城结下了不解之约，成为当地最了解长城的人。

落和平(1976—)，男，汉族，固阳县文物管理所所长。
2020 年 9 月拍摄于固阳秦长城康图沟段

落和平,男,内蒙古包头市固阳县人。因为康图沟段秦长城位于固阳县北侧的山内,修长城的工程队就住在原部队废弃的石窑内,后勤补给较为困难。落和平最初就负责开车给工程队运送水和给养,闲暇时就上山看工人师傅们修长城。每天听着负责现场的市文物管理处专家老师讲长城的相关知识,看着坍塌的长城在工人师傅的修缮中一点一点恢复原样,落和平逐渐了解了该段长城的整体现状,还熟知了石筑长城的构筑方法,对固阳秦长城有了初步的认识。

长城修缮工程结束后,落和平表现突出,继续留在固阳县文物管理所工作。因当时的业务能力所限,文物管理所的工作重点主要是对该段长城的保护。由于落和平对该段长城略有了解,成了固阳县的"长城顾问",这更增添了落和平了解长城的信心,也迫切地想熟悉固阳秦长城的全貌。

2006 年,包头市率先启动了固阳秦长城调查工作,落和平自告奋勇参与了此次调查工作。在近一个月的徒步调查后,落和平不仅了解了固阳秦长城全境的实际现状,还学会了摄影、画图等业务技能,真正成为固阳县最熟悉该道长城的人,也成为固阳县文物管理所的业务骨干。看到部分长城段落因年久失修,甚至遭到人为损毁,落和平感到特别心痛,主动向所领导汇报,要求当一名义务长城保护员。有了长城调查的基础,落和平熟知每一段长城的保存现状,在下乡的的过程中主动到长城进行巡查,经常累得满头大汗、气喘吁吁,不知摔了多少跤、磨破了多少双鞋,因为常在山里行走,他穿的裤子的裤脚经常是破的。他还在沿线的村庄宣传长城知识,唤起当地人保护长城的意识。很多人不理解落和平,觉得他有点"傻",临时工一个月几百块钱,不值得这么辛苦,他自己却感到这项工作很有意思,乐在其中。特别是每当有人向他咨询固阳秦长城的相关问题,他解答完后,会觉得自己很了不起,这也是他日复一日能坚持到现在的一个重要原因。

2007 年初,国家文物局决定对长城沿线基层义务保护员进行表彰,落和平保护长城的优秀事迹经过层层审核后成功入选。6 月 8 日,在国家最高荣誉殿堂——人民大会堂召开的全国文化遗产保护工作表彰大会上,由时任国务委员的陈至立、文化部部长孙家正、国家文物局局长单霁翔等领导,共同为落和平和其他省、市的 15 位长城保护员颁发了全国优秀长城保护员"文物保护特别奖"。这一殊荣的获得,更加让落和平坚定了信心,觉得自己选择的道路是正确的。每当谈起这件事时,落和平总是笑着说:"其实也没做什么,作为生活在长城脚下的人,保护长城都是我们应该做的,真没想到会得到这么高的荣誉。"

2020 年 5 月,落和平在固阳县怀朔镇城圐圙村进行文物保护法宣传活动

2007 年国家文物局在全国范围内开展第三次不可移动文物普查,落和平再次以临时工的身份投入到该项工作中,经过一年多的野外实地调查,走遍了固阳县 5000 多平方公里的角角落落,文物点由原

来的 30 多处猛增到 159 处,摸清了固阳县不可移动文物的分布规律,成为固阳县的文物"活地图"。普查结束后,落和平分别获得自治区和包头市"三普"工作先进个人称号。通过这次普查,落和平已经完全成为固阳县文物工作不可或缺的人才。

鉴于落和平在工作中的努力,包头市文物管理处副主任苗润华通过写信、面谈,多次与固阳县时任领导商讨解决落和平工作身份。功夫不负有心人,2012 年,对于从事了 8 年义务保护员和临时工的落和平来说是人生的一个转折,他终于成为一名正式事业编制人员,不仅提高了他的收入,更为他后来的道路奠定了基础。

2015 年,落和平被提任为固阳县文物管理所所长,不仅自己继续加强业务理论学习,还主动将自己所掌握的业务技能教授给自己的同事,以提高全所的业务能力。

"文物安全是文物工作的红线、底线、生命线",习近平总书记提出的这句关于文物安全的重要指示,落和平牢记在心。文物安全无小事,落和平每次都亲自带领职工认真完成文物安全巡查任务,在巡查过程中,不放过任何疑点漏洞。2018 年 3 月,在对固阳秦长城例行巡查中,发现银号镇境内长城沿线烽燧出现了直径 30 厘米、深 20 厘米左右的小坑,这一现象引起落和平的高度警觉。在清明节放假期间,落和平回老家西斗铺镇村里上坟,顺便问询村里的人们附近长城沿线烽燧最近是否有人挖掘,村里人说"是有两个人在此'挖宝'了,还以为是你们文物考古了"。落和平立即开车到现场查看,发现烽燧周边出现了与先前在银号镇境内发现的同样的小坑,确定了有人专门在烽燧附近进行盗掘,立即向局领导汇报了此事,同时电话报警并通知长城沿线保护员加强巡查。4 月 11 日上午,落和平接到当地保护员报告,说发现有人在长城附近盗挖文物。落和平立即通知固阳县公安局刑侦大队,一同赶赴现场,在现场发现犯罪分子正在用金属探测仪探测地下文物,旁边还有刚挖出来的钱币、铜镜残片等文物,人赃并获,成功破获了该案件,打击了盗挖文物犯罪分子的嚣张气焰。

2021 年 1 月,落和平给内蒙古农业大学和呼和浩特市职业学院的部分老师现场讲解固阳秦长城相关内容

2018 年 7 月 19 日,固阳县遭受罕见大暴雨,部分地区降雨量达到 175 毫米,暴雨引发洪灾,对沟谷地带的秦长城墙体造成了严重的损毁威胁。7 月 21 日,落和平前往金山镇境内天盛成段秦长城查看灾情,由于天盛成村东侧的"大水沟"内山洪还在流淌,落和平只能光脚淌水过河,因腿脚受凉再加上上山劳累,造成腿部抽筋,落和平忍痛继续查看完该段长城受损情况后,再次光脚过河返回。第二天黎明,熟睡的落和平被痛醒,腿又开始抽筋,而且持续时间更长。后来经过医院电烤、针灸、敷药等十几天的治疗才得以好转。

固阳秦长城作为固阳县乃至全国的一张金色名片,知名度逐年提高,专程到此参观考察的人们越来越多。落和平作为固阳县最熟悉该道长城的人,经常利用闲暇时间为到此参观、考察的人们义务讲解长城知识和相关历史文化,被人们称为"固阳秦长城的金牌讲解员"。

2019年,中办和国办联合下发了《长城、大运河、长征国家文化公园的建设方案》。固阳秦长城不仅历史价值重大,而且保存完好、体系完备,为建设长城文化公园奠定了坚实的基础。落和平在局领导的指导下,独自完成了《固阳秦长城国家文化公园建设方案》的编写工作,现正在配合相关单位完成该公园的《保护建设规划》文本编制工作。为建设好固阳秦长城国家文化公园,打造国家级标志性工程努力奋斗。

长城是中华民族的重要象征,是中华民族的重要标志。落和平作为一名基层长城义务保护员,常说的一句话就是"看好自己的门,管好自己的人",决不能让老祖宗留下的长城等历史文化遗产毁在我们这一代,一定要将其保护好、传承好。

作者简介:杨锐(1988—),男,汉族,内蒙古自治区长城保护工作中心业务骨干、历史学硕士,主要从事长城研究、文化遗产保护等研究。

乌兰牧骑人爱上了长城保护事业

潮洛檬(整理)

1997年11月,王成考入扎鲁特旗乌兰牧骑,成为了一名有着光辉历史的扎鲁特旗乌兰牧骑的舞蹈演员。"台上一分钟,台下十年功",这句话是文艺人的真实写照。那些训练中的伤痛、排演中的汗水,成就了过硬的作品,也磨炼了爱岗敬业的王成。从事乌兰牧骑工作11年,乌兰牧骑精神深深地熏陶着王成,培养了王成为基层服务的意识,养成了他肯吃苦、能拼搏、善团结的个人品质。

王成(1981—),男,蒙古族,中共党员,扎鲁特旗文物管理所所长。

2019年10月拍摄于扎鲁特旗格日朝鲁苏木金界壕旁

2008 年 7 月，王成告别乌兰牧骑，调入文物管理所工作，任副所长。王成调入文物管理所之初，就先后赶上全国第三次不可移动文物普查、全国长城资源调查和全国第一次可移动文物普查工作，这些工作需要王成和他的同事们长期在野外开展田野调查。当时，王成的女儿出生不足 10 天，但调查工作任务重、人员少，王成没有犹豫，全部身心投入到工作中去，在调查中不断学习业务知识，很快进入了新的工作状态。在全国第三次全国文物普查工作中，王成带领文物所职工走访了全旗 11 个乡镇苏木、245 个嘎查村、135 个自然村和牧点，涉域面积 1.74 万平方公里，累计行程 7 万多公里，圆满完成了全国第三次文物普查工作，并荣获国务院、国家文物局、全国第三次文物普查工作做出积极贡献奖和通辽市第三次全国文物普查工作先进个人奖。

2017 年 9 月王成与同事在扎鲁特旗乌兰哈达苏木金界壕旁立界桩

十多年的文物保护工作使王成深深地爱上了文物保护事业，他主动了解它、研究它。在王成心中，保护文物遗址是他义不容辞的责任和担当,他甚至说,自己对文物像对待个人财产一样珍视。多年的文物保护工作让王成意识到,做好文物保护工作首先就要保护好文物,这是一切工作的基础。保护文物的前提是让大众了解当地的文化遗产,让群众知道文物保护的重要意义。近几年,王成始终把宣传《文物保护法》《长城保护条例》作为工作的重中之重,每年下乡宣传相关法律法规 4 次以上。扎鲁特旗境内的金界壕点多线长,为了做到宣传全覆盖,王成创新宣传方式,不仅在沿线 13 个嘎查村树立长城保护宣传牌,而且制作印有长城保护字样的挂历、围裙、钥匙扣,走访入户时,发放给金界壕沿线群众,目的是让保护长城的理念深入人心。

2018 年 5 月王成给长城沿线居民发放带有"保护金界壕 人人有责"字样的宣传品

文物保护工作中,除了田野调查、宣传法规,有时王成也需要参与打击犯罪。扎鲁特旗地上地下文物保存极为丰富,多为辽金时期和新石器时代墓葬,具有很高的历史研究价值。为保护好这些珍贵的文化遗产,王成带领同事采取多种措施和犯罪分子展开斗争。王成和同事们多次前往各苏木镇场、嘎查村发放文物保护法和长城保护条例宣传单,给广大农牧民群众讲解文物保护和长城保护的重要性,在主要街道张贴文物犯罪举报电话,与旗公安局积极配合,累计破获的文物案件有 20 多起,抓获盗墓份子 20 余人。

文物保护工作常常在恶劣的自然环境中进行,王成凭借着一股吃苦耐劳的劲头努力完成好工作。在保护性挖掘南宝力皋吐遗址工作中,王成担任领队。挖掘工作在最炎热的 8 月进行,王成每天工作 10 个小时以上,有时不得不依靠喝藿香正气水缓解身体不适。在一个多月的挖掘工作中,王成没请过一天假,没有因为身体原因耽误过一次工作。最终,经过王成和同事们的共同努力,按期圆满完成了遗址发掘工作。

2010 年,王成由于工作成绩突出,光荣地加入了中国共产党,2015 年 7 月被评为全旗优秀共产党员。2016 年 3 月被评为 2015 年度全市基层公共文化建设工作优秀文物工作者。

王成,作为一名文化战线上的工作者,凭着对民族文化事业的强烈责任感,把自己的愿望和抱负都倾注在所热爱的事业上;凭着一腔矢志不渝的信念和热情,把对党的忠诚,对工作的热爱,对民族团结的热心,全部默默溶铸于自己从事的事业中。

作者简介:潮洛檬(1982—   ),女,蒙古族,系内蒙古自治区长城保护工作中心馆员、保护管理科副科长,内蒙古文物学会理事,主要从事长城保护、文化遗产保护保护研究等工作。

采访人:潮洛檬

被采访人:王成

采访时间:2019 年 5 月 27 日

采访地点:扎鲁特旗格日朝鲁苏木金界壕旁

编辑整理人:潮洛檬

科右中旗金界壕的"守护者"

包金泉　　陈乐乐

　　金界壕又称金长城,在《金史》中,对金长城这项工程记载有界壕、壕堑、濠堑、壕垒、垣垒、垒堑、壕障、濠墙、界墙、边堡等十余种称谓。始建于金太宗天会年间,从公元1123年开始修建,直到1198年前后才最终成形,是规模宏大的古代军事防御工程。2010年长城资源调查发现在科尔沁右翼中旗境内经过两条金界壕墙体,总长121.6公里,沿线有16处边堡。

科右中旗文物管理所下乡宣传文物保护法及长城保护条例
2016年9月在科右中旗额木庭高勒苏木拉拉屯(包金泉 摄)

155

　　1996年因工作需要，在基层为文化事业奋斗了13年的老文化工作者斯日古楞，回科右中旗文物管理所工作。他接管全旗文物保护事业时的条件是非常有限的，在哈日诺尔苏木基层工作时，对哈日诺尔苏木境内经过的金界壕的来历和防御作用是有所了解的。

　　斯日古楞，男，土生土长的科右中旗人，从小受父亲的影响，爱好摄影。通过自己的相机画面，保留科右中旗境内所发现的文物古迹。当时物质条件有限，单位的摄影装备都是自己掏腰包购买。为提升自己的摄影技术，还专门去北京报摄影进修班学习两年。为更好地记录文物古迹影像资料，斯日古楞所长不断更新升级自己的摄影装备，当时在全旗的摄影装备里属最为先进的了。

斯日古楞金界壕巡查工作

2016年9月在科右中旗吐列毛杜镇赛罕花嘎查（包金泉 摄）

　　2007年4月，国家文物局在全国范围内开展全国第三次不可移动文物普查工作，斯日古楞所长担任科右中旗文物普查组组长。普查组在斯日古楞组长的带领下,按照计划先从北部开始,为了节省经费少走弯路,捎带着普查沿途路边的村屯,他们走访了解当地群众,嘴勤、腿勤、多问多看、认真仔细查看每一处的地形地貌,走村串户不放过任何"蛛丝马迹"。较远处的普查就选择住在苏木乡镇或老乡家里,近处的就自己备点面包、方便面在野外就餐。期间工作量大,任务重,没有节假日,起早贪黑,日夜兼程。历经一年多田野实地调查,他们初步掌握了科右中旗文物的分布概况。从已知上限新石器时代到下限清代之间空白和断代十分明显,这些空白和断代应该有个合理的解释。从普查资料看,整体收获很大,可研价值很高,即填补了许多文物空白地区,也填补了几个时代空白。科右中旗文物普查组2010年被内蒙古自治区文化厅、内蒙古自治区文物局、内蒙古自治区"三普"领导小组评为"内蒙古自治区第三次全国文物普查先进集体"

2010年全国第三次不可移动普查工作接近尾声,同时全区长城资源调查工作开始,兴安盟分南线和北线两个队,队员由各旗县文物管理工作者组成,斯日古楞所长积极成为一名南线调查组队员。做一名调查员,斯日古楞所长有自己的一套记录方法,通过摄影技术记录金界壕的每段保存状况及损毁情况,现场动笔精简记录金界壕墙体周围情况,一天工作结束回来后,录入长城资源调查系统时翻看照片再详细描述,把每段金界壕墙体的保存及损毁状

斯日古楞在金界壕保护碑临摹工作
2015年6月 (包金泉 摄)

况全面详细地录进去。斯日古楞所长保存如此详细的调查资料，后期对金界壕修缮保护项目、建设性保护项目编制保护计划或设计方案的编写起到很重要的作用，成为不可缺少的第一手资料。

作为文物保护工作者，与盗墓分子接触是难免的。在屡次出现场的工作当中，需要与盗墓分子斗智斗勇，反复周旋，既需有面对危险时的大义凛然，又得在狡诈的犯罪分子面前小心谨慎，可以说这是一项危险系数比较高的工作。在科右中旗文物保护和打击文物犯罪工作中值得一提的是，2007 年 3 月旗文物管理所所长斯日古楞在盗墓现场工作时，突发脑出血，治疗康复后劳动能力鉴定委员会对其致残程度鉴定为叁级，至今手脚行动还有些障碍，但他恪尽职守，兢兢业业，埋头苦干，勇于开拓，在工作和生活中充分彰显了爱岗敬业、乐于奉献的先锋作用。他在本职岗位上奋发进取、拼博奉献，在平凡的工作岗位上耕耘和奉献，先后于 2004 年被旗文化体育广播电视局评为"先进工作者"，2005 年被兴安盟文体广电局评为"文物工作先进个人"。在斯日古楞所长的带领下，科右中旗文物管理所于 2002 年被兴安盟行政公署评为"先进集体"，2016 年被内蒙古自治区人力资源和社会保障厅、内蒙古自治区文化厅、内蒙古自治区文物局、内蒙古自治区公务员局评为"内蒙古自治区文物工作先进集体"等荣誉称号。

科右中旗金界壕墙体保存状况较好，2019 年被纳入"长城文化公园"建设项目，科右中旗文物管理所将金界壕地理位置较佳的重点段推荐给自治区长城保护中心。为保护金界壕现存状况，每年挑最好的重点段编制计划书申请保护资金，努力推进金界壕保护工作。

金界壕与历代长城一样，既是一座稀世珍宝，也是艺术非凡的文物古迹，每年开春文物安全巡查开始时，第一站是先到金界壕墙体边上,查看墙体的保存情况及保护工程损毁状况,并详细记录形成报告,报给上级部门备案。斯日古楞所长常常给我们念叨:"我们不为别的,就为我们的子孙后代守护好这处仅存不到一米的金界壕吧。"

科右中旗文物管理所与长城保护员签订长城保护员责任状
2018年2月在科右中旗哈日诺尔苏木(包金泉 摄)

作者简介:

包金泉(1985—),男,蒙古族,系兴安盟科尔沁右翼中旗文物管理所馆员,毕业于内蒙古师范大学博物馆学专业,长期从事文物保护工作。

陈乐乐(1990—),女,蒙古族,系兴安盟科尔沁右翼中旗博物馆馆员,毕业于内蒙古大学历史学专业。

大漠深处的长城守护者

潮洛檬（整理）

　　阿拉善左旗地处内蒙古自治区最西部，这里历史悠久，文化底蕴深厚，但自然条件恶劣，沙漠、戈壁分布广泛，地广人稀，文物古迹分散，全旗专、兼职文物保护人员不足百人，文物保护管理工作困难重重。面对这样的工作环境，在李小伟身上总能看到不认输、不怕苦的精神。夏天，李小伟和他的同事们在30多度的高温下工作，一天下来汗水能浸湿整件衣服；冬天，在巡查长城安全时，他们常常需要在零下20度的戈壁荒漠风餐露宿，忍受着风寒日晒。尽管这样，李小伟不畏酷暑，不惧严寒，跨沙漠、越戈壁、穿沟壑，守护着阿拉善广袤土地上的每一处历史遗存。

2017年12月，李小伟介绍阿拉善左旗明长城保护工作情况和明长城沿线企业整合情况。

2007 年,从内蒙古体育工作第三大队拳击队退役后,李小伟被安置在阿拉善左旗文化馆从事群众体育工作。2008 年 7 月,阿拉善左旗文化馆挂牌成立了文物遗产管理所,在原阿拉善盟博物馆副馆长巴戈那的带领下,开始了全国第三次不可移动文物普查工作,李小伟从开始的不懂、不了解各时期长城,到慢慢地喜欢上了长城。自此,他便与长城结下了不解之缘。在他与同事们的共同努力下,2008 年至今的十多年间,阿拉善左旗明长城沿线的 20 多家石料采矿企业的采矿点已经全部退出了长城的保护范围及建设控制地带范围,确保了长城本体及附属设施的安全。在从事长城保护工作的 12 年中,李小伟先后深入阿拉善左旗的 14 个苏木镇进行实地长城保护工作,下乡近千次,行程共约 50 万多公里,全面掌握了阿拉善左旗长城的长度、分布、特征、保存现状等基本情况。阿拉善左旗已登记有汉长城遗址墙体 2 段,长 3578 米,附属设施单体建筑 150 座;西夏长城主要由 17 座烽火台和 13 座城、障址;明代长城共 115 段,全长 155844.2 米,长城沿线有敌台 34 座、烽火台 34 座、石刻 1 处。这一组组数据无不饱含了包括李小伟在内的全旗"文保人"奋力拼搏的汗水与足迹。

阿拉善左旗文物管理局业务室主任李小伟。

2018 年 12 月拍摄于巴彦浩特镇巴彦笋布尔烽火台。

在从事文物保护工作的 12 年中,李小伟始终把《中华人民共和国文物保护法》《长城保护条例》以及相关法律法规作为文物保护的武器、处理问题的依据和衡量工作的标准。12 年中,李小伟向长城周边企业下发《整改通知书》和签订《长城安全责任书》50 余份,发放《长城保护条例》千余份。2016 年至 2018 年因在整合明长城沿线石料采矿企业工作中表现突出,阿拉善左旗文物管理局被国家文物局授予"全国文物保护先进集体"称号,这也是国家文物局对李小伟及同事们的最大鼓励。

2008 年和 2013 年,李小伟参与了阿拉善左旗全国第三次文物普查和第一次全国可移动文物普查工作,他的工作得到了自治区文物普查办公室的充分肯定,被评为"内蒙古自治区第三次不可移动文物普查先进个人""内蒙古自治区全国第一次可移动文物普查先进个人"和"阿拉善左旗文化旅游系统优秀共产党员"。

2018 年 4 月,李小伟给长城保护员颁发聘书。

李小伟作为一名光荣的文物工作者,始终坚持把文物安全工作放在首位,认真履行自己的工作职责,他总说:"保护好家乡的文物就相当于守住了家乡的历史。当每一次面对眼前的历史遗存时,都仿佛能够看到曾经活跃在阿拉善地区的先民们开发和守护这片土地时的场景。因此我们应当珍惜、感恩，只有保护好历史文物，传承先民们遗留下来的这些珍贵遗产，才能更好地弘扬阿拉善悠久的历史文化。"

作者简介：潮洛檬（1982—   ），女，蒙古族，系内蒙古自治区长城保护工作中心馆员、保护管理科副科长，内蒙古文物学会理事，主要从事长城保护、文化遗产保护保护研究等工作。

采访人：潮洛檬

被采访人：李小伟

采访时间：2020 年 8 月 15 日

采访地点：阿拉善左旗文物管理局

编辑整理人：潮洛檬

"达巴图古城"的守护家族

——一家五代人守护古城的故事

嘎茹迪　布和　莎日娜

　　达巴图古城,国家级文物保护单位。位于乌拉特后旗呼和温都尔镇达巴图沟(固察线343公里处,路北),古城由南北两个小城组成。北城略呈方形,南北宽36.8米,东西宽35.2米,墙体用较大的河槽石垒砌而成,墙腔内用小石块支垫平稳。城内东北角建有登城的阶梯踏道。南城为长方形,其北墙共用北城的南墙,并向东西各延筑一段。东西长64米,南北宽48米。门址在东墙南侧。南北两个小城建筑风格明显不同,说明其并非同一时代一次修筑。有专家考证认为,北城为战国时期所筑,南城为汉代所扩筑。在地表曾发现过汉代的铁甲片和箭头,有灰陶和夹砂黑陶片分布。

达巴图古城,位于巴彦淖尔市乌拉特后旗

达巴图古城遗址旁有一户普通的牧民家,户主叫呼格吉乐图,女主人叫娜仁高娃,他们祖祖辈辈在这里已守护了100多年,让这户普通牧民与达巴图古城结下不解之缘。

呼格吉乐图对达巴图古城有着不同寻常的记忆,他回忆说,刚开始,家里并不知道这就是达巴图古城,只觉得这是重要的历史遗址,爷爷、爸爸在世的时候一直守护着,所以他也要秉承他们的教诲,竭尽全力保护起来。说到以前,尤其在20个世纪七八十年代,周边的村民有盖新房的,经常有人来拉石头,可他觉得,好好的东西被这么破坏,不值得。所以,只要有人来,他总是据理力争,果断拒绝,将这些人赶走。日久天长,周边村民谁也不敢来这里乱拉石头了,因为他们都知道,这里有个"执拗"的看城人,可是不好惹。一来二去,来拉石头的人也就越来越少了。正是这样,这座历史遗址才得以保存完好,成为一段尘封历史的记录者。在时间的推移下,他渐渐了解到这座遗址的历史价值,更感责任重大。

呼格吉乐图一家人

呼格吉乐图的儿子布仁已经结婚并生儿育女,也在这里"继承家业",跟长辈们一样,做了达巴图古城的守护人,"执拗的看城家族"让这座古城永远传承下去,更让这种守护精神永远传承下去。

随着旅游牧家乐的兴起,乌拉特后旗政府鼓励当地的牧民依据现有资源,顺应环境去发展旅游业。2007 年,呼格吉乐图一家商量后,依托达巴图古城遗址品牌,靠着自己的勤劳双手和灵活头脑经营起了达巴图古城"牧户游",生意也越做越红火。慕名前来的游客越来越多,为了满足接待需求,近几年呼格吉乐图陆续新建了 8 个蒙古包。妻子娜仁高娃说:"我们自己放着 500 多只羊,后院里种了蔬菜,还散养笨鸡(土鸡),全部是纯绿色食材,用野外捡回来的木柴烹饪后,大家都说好吃。"他们依靠原汁原味的特色生态和绿色食品,吸引了周边旗县甚至其他城市的人慕名前来旅游。游客来到这里,可谓一举两得,不仅见证了历史,瞻仰了达巴图古城的雄浑威武,更能体验民族风情,享受地地道道的蒙餐美食。

呼格吉乐图家的牧家乐

达巴图古城"牧户游"的外国游客

瞭望不远处仿古石制城墙建筑的 3A 级景区，娜仁高娃说："这几年，景区建好了，来玩的游客也越来越多，也带动了我们的生意，现在一年收入能上二三十万。"

达巴图古城南 3A 级景区

达巴图古城南 3A 级景区

在达巴图古城举办党日活动

作者简介：

嘎如迪（1989—），女，蒙古族，内蒙古巴彦淖尔市乌拉特后旗旗委宣传部新闻科干事。

布和（1986—），男，蒙古族，内蒙古巴彦淖尔市乌拉特后旗文体旅游广电局文物管理所所长。

莎日娜（1983—），女，蒙古族，内蒙古巴彦淖尔市乌拉特后旗文体旅游广电局文物管理所干事。

牧羊人的一生守护

赵菲（整理）

在巴彦淖尔市乌拉特前旗白彦花镇阿贵高勒嘎查，有一位牧民叫伊拉乐图，他和其他牧民一样，每天主要的工作就是放羊，不同的是他还有另外一个身份——长城保护员。除了放羊，伊拉乐图每天都要对白彦花镇境内3公里左右的赵北长城进行巡查，寒冬腊月，三伏酷暑，从未间断。

巴彦淖尔市乌拉特前旗白彦花镇阿贵高勒嘎查是伊拉乐图出生生活的地方，战国赵北长城穿过这个小村庄。今天，在山坡上，在田野中，在老乡的院落里、羊圈中，断断续续的，我们依然可以追寻它的踪迹。

乌拉特前旗白彦花镇阿贵高勒嘎查长城保护员伊拉乐图

乌拉特前旗白彦花镇赵北长城（西向东）　潮洛檬摄

伊拉乐图说，过去的很长一段时间里人们并不知道村里这段长城是战国赵北长城。他小时候父母告诉他：这道墙是成吉思汗修的边墙，规模很大，很长很长，这是我们老祖宗留给我们的东西，我们要保护好它。这些话源自哪里已经无法考证了，只是这样祖祖辈辈，一代代传下来。伊拉乐图说，他幼年时并不知道这道边墙何时修建，也不知道它通往哪里，但是要保护好这道边墙，保护好老祖宗留下来的东西，这些话语已经深深烙印在他心里。

长大以后，伊拉乐图一直记着父母的叮嘱，只要遇到有人取土破坏墙体，他都会上前劝阻，甚至还会为此与人争吵。

有一次，村里栽高压线准备推平一段墙体，他见状赶紧上前劝说，别人都觉得他在多管闲事，不予理睬。情急之下，伊拉乐图只好把情况上报给当地文物部门，文物部门出面才得以制止。在这件事之后，乌拉特前旗文物管理所把伊拉乐图聘为白彦花镇的长城保护员。

在默默守护这道边墙多年后，伊拉乐图终于正式成为一名长城保护员,这个身份让他有了更强的荣誉感与责任感。他每天都要巡查一遍白彦花境内的长城墙体,发现长城遭受自然损坏或被人为破坏的情况就及时上报给前旗文物管理所,他还积极主动地学习历史知识、长城知识,了解长城保护的法律法规,并将他所学所见讲给当地的老乡、牧民们,在他的影响下,当地人也都了解了一些长城知识,增强了长城保护意识,都在自觉地保护着当地的长城。

在基层,像伊拉乐图这样的长城保护员还有很多,基层财政紧张,几乎没有办法给他们支付酬劳,但是他们依然一干就是几十年。伊拉乐图说"每天放羊时,随走随看,每天走一遍,早已经习惯了,并不觉得辛苦"。我想这是一种对家乡的热爱,对自小陪伴他们的这道墙体的深情,更是对心底信念的坚守——把老祖宗留给我们的东西保护好,留给我们的子孙后代! 是这些精神力量支撑他用最平常的心态默默守护着家乡的长城。

作者简介:赵菲(1990—),女,汉族,系内蒙古自治区长城保护工作中心业务人员、历史学硕士,主要从事长城保护及文化遗产保护等研究。

采访人:潮洛檬 赵菲

被采访人:伊拉乐图

采访时间:2020 年 7 月 21 日

采访地点:乌拉特前旗白彦花镇阿贵高勒嘎查

编辑整理人:赵菲

为国家守护好长城的董海宁

李小伟

董海宁生于 1981 年,祖辈就在内蒙古自治区阿拉善盟阿拉善左旗与宁夏回族自治区永宁县交界处,几代人在明长城磨石口段边以放羊为生。

董海宁在阿拉善左旗长城保护工作站和永宁县长城保护站(2020 年 12 月摄)

董海宁的爷爷过去的羊圈在明长城磨石口 1 段处,1992 年父亲将羊圈搬到了明长城磨石口 8 段处。2000 年董海宁从学校毕业后便回到了父亲的羊圈,利用自己在学校所学到的知识来帮助父母更好地发展壮大董家的羊群。董海宁说自己从小每到学校放假就跟爷爷、奶奶生活在羊圈上,已经习惯了长城边上的放牧生活,也爱上了自家草场上的明长城,自小就觉得这些长城就是自己家的,谁都不能破坏它们,小时候还因为有小伙伴用脚踢掉他家羊圈后长城上的土块而和小伙伴打过架。

随着国家越来越重视对长城的保护,董海宁的保护长城的意识也提高了。2016年,宁夏回族自治区永宁县文物管理所将董海宁和其父亲聘为永宁县长城保护站的长城保护员,2018年董海宁被阿拉善左旗文物管理局聘为阿拉善左旗第一个长城保护工作站的长城保护员。

董海宁负责看护的是明长城磨石口1至25段以及4座烽火台和6座敌台。作为两个自治区的长城保护员,董海宁兢兢业业,只要不是极端恶劣天气,他几乎每天都带着责任感和使命感沿着长城巡查一遍,一次二三个小时,风雨无阻。董海宁所看护的明长城段落既是军事训练场的范围,又

董海宁在阿拉善左旗明长城磨石口长城25段巡查(李小伟摄)

是徒步越野爱好者和自驾游游客经常光顾的地点,他经常向训练部队和游客宣传长城保护法律法规。同时,在担任长城保护员的这几年劝说攀登长城的游客数量不下千人。董海宁说作为一名长城保护员,为国家守护好长城,是每一名长城保护员的责任和荣誉。

作者简介:李小伟(1981 —),男,汉族,系阿拉善左旗文物保护中心文物保护部部长。2010年9月,被评为"内蒙古自治区全国第三次不可移动文物普查先进个人",2017年9月,被评为"内蒙古自治区全国第一次可移动文物普查先进个人"。主要从事长城、岩画和古遗址保护和研究等工作。

守护长城 痴心不改

郭文达

在包头，有这么一位热爱赵长城、研究赵长城、保护赵长城的草根志愿者——李节。几十年来，他跋涉在沟壑纵横、荒无人烟的苍茫群山中，考察长城、呵护赵长城，特别是为保护赵长城呐喊呼吁……

包头，位于内蒙古自治区西部，北与蒙古国接壤，南临黄河，东西为土默川平原和河套平原，是连接华北和西北的重要枢纽。古时是阴山边地之要塞，是兵家必争之地。在这块古老的土地上，遍布着战国、汉、金、北魏等诸朝的长城及长城遗址，其中，赵长城、秦长城各1条，汉长城、金长城、北魏长城各2条，总长657公里，除明长城（戚继光等主持修建的北京八达岭等处长城）外历代王朝修筑的长城都在这里留下了遗迹。特别是战国时代，赵武灵王为巩固边境，防止北方民族入侵，修筑起一道全长7百多公里的长城，战国赵长城在包头境内长150多公里，保留比较好的一段在包头东河区至石拐公路10公里处。赵长城是中国现存最古老的长城，已有两千多年历史，这段长城遗址在包头市自大庙起，东向边墙壕村，西向昆都仑区。由于所处地理位置偏远等原因，赵长城保护一直存在诸多现实困难。诸如，长城专业保护人员不足，社会大众文物保护意识和专业保护知识的欠缺等原因，致使长城自然损毁比较严重，许多地方的赵长城保护现状不容乐观，甚至有些地方破坏十分严重。

包头市热力公司职工李节，是包头市最早业余考察研究赵长城的人。他是一位文史工作爱好者,业余时间考察周边古长城时,发现赵长城的保护不尽如人意,赵长城保护刻不容缓,赵长城资料亟待抢救,于是他利用探访之余,有意地在呼和浩特、包头、巴彦淖尔市和鄂尔多斯等地考察当地的长城。

2016年初春,正值春雪初霁,他只身一人从包头坐火车赶到乌海,冒着路滑的危险,走上考察长城之路。在乌海的海南区、海勃湾区的山上徒步沿着秦长城查看墙体状况;在北新地村探访了秦汉古城。之后,行程二十日,先后考察了巴彦淖尔市磴口、临河、五原、前旗等地长城、高阙塞等遗址、遗迹,完成了考察计划。

由于怀着一颗保护长城的执着的心,李节被包头市文物管理局聘为包头市长城保护员。工作之余,李节认真考察赵长城的现状,记录了详细的实物资料,并查阅了许多历史文献,日积月累中写下数万字的文字资料,拍摄了大量的资料图片,还将赵长城资料制作成幻灯片,每逢世界文化遗产日、中国文化和自然遗产日便向广大市民宣传,特别是对中小学生普及长城知识,增强人们热爱长城、保护长城的意识。与

李节在赵长城遗址处给学生们义务宣讲长城保护知识

此同时,他定期或不定期地对长城开展巡查,捡拾垃圾,及时劝阻不文明行为,配合包头市文管部门对新发现的10处长城遗址立碑保护;

对破坏长城的现象大声疾呼,发现严重破坏长城等行为时立刻向相关部门上报。同时,他还利用媒体来揭露批评破坏长城的现象。2018年10月28日,他在巡查遗址时,发现赵长城昆区段板申图沟长城墙体被施工的车辆及链轨车碾压,还修有一条横穿长城墙体上的路,而且在长城保护碑的西侧挖河槽将墙体铲毁。他现场打电话向昆区文管所汇报,同时将现场拍的照片及时发给了市文物局、昆区文管所。第二天昆区文管所杜所长等联系他共同去了现场,进行调查,后去铲挖长城遗址的泉山金矿找到了负责人,其也承认此破坏行为,后对其进行了处理。

李节配合市文管部门在新发现的赵长城遗址处立文物保护警示碑

针对呼和浩特、包头、巴彦淖尔、鄂尔多斯等地发现野外文物遗存存在较多保护不足的问题,尤其植树对文物遗存造成的破坏等等,他写了《关于赵长城墙体上植树对长城保护的影响》等文章,并带着十几页信纸的管理保护存在的问题和建议去了自治区文物局与相关负责人面谈了自治区中西部文物遗存保护等诸多问题,后自治区文物局下发给涉事的地区要求整改,进行维修保护,有力地推动了当地的长城保护工作。平时,他注重宣传鼓动更多的人参加到长城保护队伍里来。在最初野外考察长城的时候,他一说考察长城,一说爬山,根本没有人陪伴他,他在别人不理解的情况下,还是耐心地给对方讲解长城的价值。慢慢地,有些人在他的鼓动下开始热爱长城,保护长城,我就是其中之一,在他的影响带动下,通过10年来的徒步考察,于近期编辑出版了散文集《水润包克图》。

李节在野外考察长城的时候,不仅关注长城保护,还对其他涉及文保的遗址、遗存投入极大的热情。包头昆都仑沟口赵长城遗迹分布较多,此外还有20世纪50年代建的昆都仑河大桥、60年代的水闸等水工建筑遗存。一次野外考察时,发现昆河改造施工中正在拆除这两处遗存,他马上联系包头市文管局出面制止,这两处遗存才得以保护下来。为了使昆都仑沟内的"五八"洪水纪念碑成为文物保护单位,他自己测量了碑身碑座的长、宽、高及正反两面碑文,附上文字说明,并积极与包头市文物局联系,把昆区文管所的人员带到现场,说明原委。后"五八"洪水纪念碑成为了市文物保护单位。以上三处遗存的保护对于挖掘昆河的历史有着极为重要的意义。

每一次,对外进行义务宣传时,他常对人们讲:长城保护不能局限于我们这些志愿者,每个人都应该成为"长城卫士",守护长城安全。这就是李节,黑黝黝的脸上始终充溢着一份热情、一份执着。

作者简介:郭文达,男,就职于包头市水务局,水利高级工程师。内蒙古作家协会会员、内蒙古摄影家协会会员、包头市文艺评论家协会会员。著有《水润包克图》一书。

长城资源调查中的"雪中送炭"

赵菲（整理）

　　苗润华是包头市文物研究院副院长，在内蒙古长城资源调查时，他带队调查了包头境内和呼和浩特市武川地区的长城。田野调查工作结束后，苗老师又参与编写了北魏长城、赵北长城、秦汉长城及秦长城的报告。长城资源调查工作历时数年，异常艰辛，从田野调查到资料整理，再到报告编写，每一个环节都倾注了他全部的心血，回忆起来，感慨万千。

包头市固阳秦长城（李峰 拍摄）

　　当然，长城资源调查工作能够顺利完成，除了文物工作者的付出与坚持,调查中沿途老百姓的支持与帮助也是必不可少的。2009 年 9 月,苗老师带队调查包头固阳秦长城,当时队员们住在固阳县银号镇四份子村,村里人家并不多,几乎都是一些老年人,他们的房东是一位姓贺的老大爷,已经 95 岁高龄了。那时候条件艰苦,调查队都是自带锅碗瓢盆自己做饭,忽然有一天尽下了一场大雪,地上的雪近一尺厚,村子里白茫茫一片,这场突如其来的大雪将调查队员困在了屋里,大家没有预备厚衣服取暖,也找不到柴火烧火做饭,眼看温饱都无法解决,大家心急如焚。

正在调查队员一筹莫展之际,贺大爷佝偻着身躯怀里抱着一袋子煤颤颤巍巍走了进来,大爷说自己家里的煤质量不好,怕他们用着不习惯,特意去村西头买回来一袋子好煤拿给调查队员让他们生火做饭。大爷的脸颊和鼻子冻得通红,粗糙的双手和袖口上沾满煤屑,鞋上、裤腿上都是雪,有些已经结冰,大爷紧紧抱着怀里的帆布袋子。那一

包头市文物研究院苗润华副院长、研究员
(2009 年 10 月 13 日拍摄于固阳秦长城)

刻,调查队员们百感交集,意外、惊喜、感激之情一起涌上心头,一时竟不知道说什么好。大爷带来的煤帮他们解决了温饱问题,不仅如此,大爷的雪中送炭也带来一束光,温暖了他们的心,照亮了前方

的路。

十年过去了,苗老师讲述起当时的场景依然眼含热泪,仿佛就是昨天发生的事,感激之情溢于言表。长城调查结束后,苗老师曾专程去探望过这位老人,感谢他对长城调查工作的支持与帮助。之后,亦多方打听老人的情况,可惜没有更多的消息。十年过后,老人或许已经作古,但这位善良的老人的形象却深深留在调查队员们的心里。

长城调查是艰辛漫长的,翻山越岭、风餐露宿都是家常便饭,也许因为条件太过艰苦,老乡们对调查队员的支持与帮助更显得弥足珍贵。长城调查队员所到之处,那些生活在长城下淳朴、善良的老乡们用满腔的热情、真诚支持着文物工作者,也鼓舞着他们继续前行。

作者简介:赵菲(1990—),女,汉族,内蒙古自治区长城保护工作中心业务人员,历史学硕士,主要从事长城研究、文化遗产保护等研究。

采访人:潮洛檬 赵菲

被采访人:苗润华

采访时间:2020 年 7 月 20 日

采访地点:包头市文物研究院

编辑整理人:赵菲

姥姥的边墙

刘卫

　　包头的古长城遗迹很多，百姓们管它叫作"边墙"，并据此为聚落、生活。有战国时的赵（北）长城，如青山区的东边墙、西边墙，昆都仑区的边墙壕；固阳县境内还有一段保存较为完好的秦长城。

　　妻子姥姥的坟头，就在她二舅家的东边墙村，三年了。姥姥属牛，九十二岁上走的，是"喜丧"。按照本地人的说法，老人走后的第三个年头要"大办"一下。这亦是古礼，守孝三年，"春秋"时期即已有之，人们缅怀先人，更要节哀、向生。

　　三年前，春节刚过，年味儿正浓，二舅、三舅都打来电话，说姥姥走了，全家人心里一下子沉甸甸的。虽说姥姥身体大不如前，但大家的心愿是她能和我们这些晚辈待的时间长些、再长些！

　　姥姥伺候过妻子坐月子，女儿的小名，也是她把孩子叫作"乖猫虎"开的头。姥姥爱穿个红，看见红衣、红袄、红鞋袜真是爱不释手，上身试一试，高兴的脸上泛出少女般的笑靥。那时她还能抽烟，隔三差五，我下班路过小卖店，总不忘给她买盒"白沙""红云"或是"金版纳"。吃完了饭，她得空就搬个板凳坐在阴台抽上一两根，不开灯，月光便照了进来，缕缕烟气从她略显干瘪的唇里飘出来，那烟色是悠悠的蓝，若不用力吸吐，烟气先是直上，后来就像波浪翻滚到天花板上了。伴着烟气，她手托着腮，满是皱纹的脸颊如同一幅油画，一直挂在我心房的墙壁上。姥姥边抽烟边唠叨着什么，似乎是村里或是家里边的事儿,有嘱咐,有嗔怨,像是开一个不为人知的会,又像是在安慰着谁……细细碎碎、叮叮咛咛好一阵子,抽完烟就回屋歇着,再无一句多余的话。

那段时间,我曾多次试图唤起姥姥识字的兴趣,全都无功而返,但她说的一句话我记得清楚,就是"凡事要走在人前头"。从她讲述由山西河曲辗转来到包头的只言片语中,姥姥近百年的人生一定埋藏着不少坎坷、屈辱和疼痛,还能甩出这样硬韧的话,这不就是她性格的写照吗?!姥姥就像一枚银针,从口里穿梭到了口外,把全家人生计的口袋縻紧;更似一叶小舟,从河曲那头划到边墙这头,孤帆薄桨承载着、维系着生命里的悲欢离合。

正月里的大青山南坡,天——蓝的幽远;风——刮的彻骨。当我们全家又一次来到东边墙村,依然是青瓦、白墙、红灯笼,条条街道井然,家家对联红艳,俨然一派阴山脚下的"小江南"。二舅、二妗早早张罗好吃食,就等着这一大家子的团聚。妻的表弟来得更早,他在院子里已支起大锅,专门来给大伙调凉菜、炖羊肉。又看见大舅、大妗、二姨、外甥们了,大伙儿互相问候着、寒暄着,抱起孩子亲昵着,满满的亲情陡然间从这偌大的院子溢了出来!

十点钟过后,天气暖和了些,孝子贤孙们要去祭奠了。祭品有纸钱、水果、祈香……嗯,还有几只姥姥平时爱吃的素饺,二舅、三舅唯恐烧纸燃起山火,特意准备了一只大铁桶。二姨身上不爽利,还执意上山再看看老娘,被三舅劝住,怕她伤心过度。想起三年前,二姨哭的抢天抢地,女人啊!柔弱中自带着几分悲怆。当年葬礼的"代东人"还是位风水先生,按照大师的"指导",我拟好了姥姥的悼文,算是为姥姥尽的一点孝心吧。印象更深的是一位比姥姥小一辈儿的邻里女人来给她烧纸,大伙儿都说,二女女,给老人哭一哭哇!她爽应道,唉,哭哭哇!只见她慢慢坐在地上,开始边哭边唱、如泣如诉,恰到好处的沙哑嗓音时而低吟、时而高亢,哭腔里糅杂的沧桑、悲沥、凄婉、彻痛一股脑儿地倾泻下来,这女人仿佛一直在跟姥姥回忆着、劝着、争着、辩着,一定要把她从奈何桥上拉回来……更令人惊奇的是,当她从地上坐起,抽完一根烟后,刚刚发生的一切似乎与她已毫无关系,又和乡里人嬉笑怒骂开来。那晚,鼓匠班子敲奏了一夜;那晚,东边墙村灯通火明、无人入眠。

开饭啦,开饭啦!二舅一声声洪亮的吆喝,把我从伤逝的记忆中拽了回来。啊,热腾腾的烩酸菜、黄锃锃的油炸糕、香喷喷的炖羊肉……伴着浓浓的酒香,这一大家子久藏的情愫再一次迸发出来!这菜,调合了苦辣酸甜;这酒,交融了天地水火;这边墙,凭靠在阴山下;这阴山,与边墙共绞缠……

用罢中饭,二舅的孩子跟我说:"姐夫,再去边墙走走吧!"我应声道:"好啊,再去走走。"这里的"边墙"(赵北长城)是迄今遗存最古老的长城,其特点是就地取材,以土打垒、夯筑,有的书上说,夯起的土墙用米汤浇筑坚、固、耐、牢,但在那个年代,粮食是多么珍贵啊,可能吗?两千多年的风雨没有湮灭她的身骨,又是什么力量支撑着莽莽的脊梁?

头一次来到这里,料峭初春里、衰草掩荒塚,还附着着一派肃杀之气,只见一道微微隆起的土坡逶迤在阴山脚下,绵绵西去,它见证过多少日出日落、血雨腥风和美丽的荒芜:这里曾是中原与外族的边界线,"不教胡马度阴山"的分水岭,赵武灵王叱咤风云的演兵场,成吉思汗东征西讨、挥戈南北的出发地……当我再次来此循迹,看到一段重新夯起的边墙，还立了碑，原来是文物部门进行了修缮加固，其它几段边墙也用网栏围了起来。让我犹感欣慰的是，重新夯筑并没有破坏原貌，还保留了原来逃荒到此的流民依傍边墙而建的土窑。姥姥也曾是他们之中的一员，向生、向生！不去理会命运的阻挠，是生命的渴望让她和他们向着太阳生发的地方走去！

这里真好啊！附近的山冈、山洼已遍布栽植了不少油松、山桃的幼林。姥姥干不动活儿了，伴着绿水和青山就在这歇脚吧，姥姥啊，你是不是已化作阴山下边墙的一抔泥土，守望着自己曾经渡过的黄河，护佑着今天良善的后辈……

远望阴山，还有残雪。但我晓得，春天已经出发，春风知道答案！

作者简介：刘卫（1971—　　），男，汉族，包头市法学会工作人员，包头市作家协会会员，中国西部散文学会会员，主要从事法律咨询、教育培训等工作。

长城随想

孙磊

长城像一条巨龙,从依山襟海水陆相连的山海关腾空而起,沿着中国北方崇山峻岭的山尖峰芒逶迤而来,在起伏连绵的山脉上欢呼雀跃一路西进,它跨过京畿巍峨的燕山莽岭,穿过冀东北的平原腹地,划出蒙晋两地分割线后,越过黄河大峡谷,狂奔在陕北的黄土高原上。它携风带沙,风烟滚滚,迎着河西走廊的大漠孤烟和火红落日高歌猛进,在黄涛如海荒芜浩瀚的千里戈壁上追寻历史的风尘,最后剑刺长空般地扎根在皑皑覆雪的祁连山南麓,筑嘉峪雄关,以边墙锁疆。由此开创出一个上万公里的边防奇迹和近三百年的太平盛世来。

呼和浩特市清水河县北堡乡川峁村东段长城(孙磊 摄)

我沿着 209 国道一路南驰，到一个川峁村，古称鸿门口的地方，但见长城从两山之间顺势而下，在河坝两侧自行断开，赫然出现内蒙古与山西省交界的标牌。这一带的长城，夯土裸露，残垣断壁，一副伤痕累累的景象。

鸿门口原来是长城的一个重要关隘，设有重兵把守，在长城脚下的水泉镇设有一个兵营，隶属山西右玉卫管辖。此地曾经是北方俺答、瓦剌等少数游牧民族与大明王朝子民们商品交易的集市。明朝中期，长城内汉族人民的手工业很发达，而长城外游牧民族的手工业商品却极度匮乏，所以每逢集市，他们就牵牛赶羊，千里奔赴鸿门口，用肥壮的牛马羊换取老百姓制造的生活物品。而在平日里，鸿门口的集市是关闭的，每月到了固定的时间，城门高吊，集市自发开启。

当时的长城，巨石环护，青砖铺道，城墙高耸，阻挡着野心勃勃觊觎已久的外族。长城上三五公里就有一处砖楼堞口，士兵在上面放哨巡视站岗，毕竟是边疆地区，需要时间保持警惕。在长城内侧，每隔上千米，就有一处烽火台，一旦有外来侵略，点起烟火，依次传开，半刻工夫不到，州府就能获得讯息，调兵遣将来进行防御剿杀。

我走在巨石方砖铺就的长城大道上，时逢秋季，荒草在坚硬的夯土和碎砖夹缝中疯长，在秋风萧瑟的寒风中，舞动着纤细的腰姿左右摇摆。目极远方，长城南北苍茫的大地上，深谷沟壑斑驳陆离，像一条条皱纹深嵌在大地苍老的脸庞上。长城两侧的山峁坡背上，枫叶正红，杨柳橙黄，青松依然葱翠，白桦炫目刺眼，色彩斑斓的秋色将长城点缀成一条长长的巨蟒起伏扭动着。近年来，退耕还林禁牧，移民还草植树，防止水土流失，促进生态环境已卓见成效，正所谓青山绿山，就是金山银山。

呼和浩特市清水河县北堡乡与山西省偏关县水泉乡接壤处柏杨岭段长城（孙磊 摄）

其实从 20 世纪 60 年代起到 90 年代初，短短 30 年间，长城遭到了严重的破坏。长城上的青砖被附近的村民撬走，垒了羊圈、牛棚、厕所，边墙上的护墙条石也被附近村民们拉走砌了窑洞，为了方便运送，人们就在长城边修了路。现在长城有的地方出现断截面，都是当初修路时人为破坏的。60 年代末中苏交恶时期，苏联宣称要对中国进行外科手术式的核打击，在"深挖洞，广积粮"的号召下，山西省偏关县水泉镇在地下挖了地道做防空，把长城上的青砖剥来砌了洞。地洞究竟有多长，谁也说不清，进去就像迷宫一样，现在对外开放，成为一处红色旅游景点。本想一去探访，恰逢洞内坍塌维修，封洞锁门，只好悻然作罢。

到了 20 世纪 90 年代初期，政府对保护长城的意识和觉悟顿然提高，散发传单，张贴告示，书写标语，处处可见破坏长城就是犯罪的标识标志。于是，那些曾经搬弄过长城上的石头和砖块的人们害怕了，将自家的矮墙护院、牛棚羊圈、砖石窑洞、猪窝厕所，凡是目所能及之处都进行了一次彻底的改造。一夜之间,都用黄泥麦秸抹糊,水泥砂子罩面。老百姓呀,一听说要坐监,从里往外看的日子不好过,付出辛劳应对一下罪恶,只要不再追究,就谢天谢地,阿弥陀佛。

我站在烽火传薪的雄关古道,回望金戈铁马的历史天空,耳边似乎又响起那一场场惊天动地的殊死搏杀,在击鼓鸣锣中进退攻守。历史跌宕,浮华落幕,长城莽岭,不过是帝王心中的一道屏障与防线。

纵观世界,君临天下,只能靠强大的精神凝聚。历史意味深长地告诫后世,拥城辖治,不如爱民如山!

作者简介:孙磊(1986—),女,汉族,系内蒙古自治区长城保护工作中心工作人员。